WANDERLAND
SCHWEIZ
VIA JACOBI

SABINE BOLLIGER

WANDERLAND SCHWEIZ
VIA JACOBI

at VERLAG

Herausgeber:
Schweizer Wanderwege
Monbijoustrasse 61
3007 Bern
www.schweizer-wanderwege.ch

ViaStoria – Stiftung für Verkehrsgeschichte
Matten 390
3472 Wynigen
www.viastoria.ch

3., überarbeitete und aktualisierte Auflage, 2025

© 2025
AT Verlag AG, Aarau und München
Umschlagbild: © iStock.com, Leamus
Umschlagrückseite: Sabine Bolliger
Fotos Inhalt: Seite 18 © iStock.com, Leamus (oben), Darthart (Mitte), panaramka (unten); alle übrigen: Sabine Bolliger, ZeitLANDSCHAFT
Kartenausschnitte: Michael Dubach, Schweizer Wanderwege

ISBN 978-3-03902-278-6

Für Herstellung und Einfuhr in die EU: AT Verlag AG, Bahnhofstrasse 41, 5000 Aarau, Schweiz, info@at-verlag.ch; AT Verlag Deutschland, c/o Atmosphären Verlag GmbH, Fruchthof, Gotzinger Strasse 52b, 81371 München, Deutschland, info@atverlag.de

www.at-verlag.ch

Der AT Verlag wird vom Bundesamt für Kultur für die
Jahre 2021–2025 unterstüzt.

Wanderland Schweiz

Liebe Wandernde

Die Schweizer Wanderwege und ihre kantonalen Wanderweg-Fachorganisationen heissen Sie im «Wanderland Schweiz» herzlich willkommen. Sie präsentieren Ihnen eine Auswahl der schönsten nationalen, regionalen und lokalen Wanderrouten. Egal ob Mehrtageswanderung oder kurze Tagestour; die Auswahl ist riesig und deckt die ganze Vielfalt der Wandermöglichkeiten in der Schweiz ab.

Seit 1934 setzt sich der Dachverband Schweizer Wanderwege gemeinsam mit den kantonalen Wanderweg-Fachorganisationen für ein attraktives, sicheres und einheitlich signalisiertes Wanderwegnetz in der Schweiz und im Fürstentum Liechtenstein ein.

Mittlerweile erstreckt sich dieses Netz über 65 000 Kilometer. Im Rahmen des Netzwerks von SchweizMobil haben die Schweizer Wanderwege daraus, zusammen mit kantonalen und kommunalen Behörden und Partnern aus dem Tourismus, die schönsten Wanderrouten ausgewählt. Diese Routen sind optimal an den öffentlichen Verkehr angebunden, verlaufen durch Dörfer, vorbei an Herbergen und bieten Ihnen somit Unterkunfts-, Verpflegungs- und Einkaufsmöglichkeiten. Zudem führen die Routen mit unterschiedlichen Schwierigkeitsgraden zu kulturellen Sehenswürdigkeiten und Naturdenkmälern sowie durch alle Landschaftstypen der Schweiz.

Für die Wanderrouten von «Wanderland Schweiz» werden die gelben Wegweiser, die Sie zur Orientierung im Gelände finden, mit einem grünen Routenfeld und Nummer ergänzt.

Weil es nicht nur Ruhe und Erholung vom hektischen Alltag bietet, sondern gleichzeitig zur Gesundheit beiträgt, ist das Wandern heutzutage die beliebteste Sportaktivität der Schweizer Bevölkerung. Dazu tragen auch Angebote wie «Wanderland Schweiz», die informative Website der Schweizer Wanderwege sowie mobile Apps und Kartenmaterial bei, die das Planen einer Wanderung erleichtern.

Die Schweizer Wanderwege setzen sich als kompetenter und zuverlässiger Partner für alle Belange des Wanderns und der Wanderwege ein und ermöglichen Ihnen so einmalige, unvergessliche Wanderausflüge. Wir wünschen Ihnen viel Vergnügen!

Ihre Schweizer Wanderwege

ViaJacobi – ein uralter Pilgerweg in neuem Gewand

1987 erklärte der Europarat die Pilgerwege zum Grab des heiligen Jakob in Santiago de Compostela in Spanien zur ersten europäischen Kulturstrasse. In diesem Zusammenhang entstand das Projekt «Jakobswege durch die Schweiz», das ViaStoria gemeinsam mit den Schweizer Wanderwegen und deren Wanderweg-Fachorganisationen realisierte. Die Pilgerwege durch die Schweiz, die soweit wie möglich den historisch belegten Wegen der Pilgerinnen und Pilger folgen, wurden durchgängig markiert und über Publikationen und Medien bekannt gemacht. Im Anschluss daran wurde im Rahmen des Tourismusprogramms Kulturwege Schweiz auf einer fundierten wissenschaftlichen Grundlage – dem Inventar historischer Verkehrswege der Schweiz – ein Netz von weiteren historischen Routen entwickelt (siehe dazu Wanderland Schweiz «Highlights Kulturwege Schweiz»).

In der Zusammenarbeit mit SchweizMobil wurde nun die bestehende Linienführung des Jakobswegs punktuell überprüft, optimiert und nach den neusten Markierungsrichtlinien für Wanderwege einheitlich und neu signalisiert.

Diese neue ViaJacobi können Sie individuell begehen oder in Form von Pauschalangeboten erleben, die alles enthalten, damit Sie unbeschwert wandern, gut essen und trinken sowie stilvoll übernachten können.

Egal ob Sie pilgern oder «nur» wandern, auf der ViaJacobi werden mehrere Jahrhunderte Vergangenheit und die uralte Faszination des Unterwegsseins wieder lebendig. Wir wünschen Ihnen spannende und erlebnisreiche Wanderungen auf der ViaJacobi!

Martino Froelicher
Projektleiter Kulturwege Schweiz
ViaStoria – Stiftung für Verkehrsgeschichte

Unterwegs auf der Suche nach Erfüllung und Heil

Wie kaum ein anderer Weg ist der Jakobsweg, der die Schweiz diagonal durchquert, von einer grossen Dichte an historischen Gebäuden und anderen Zeitzeugnissen gesäumt. Diese lassen erahnen, dass die ViaJacobi seit Langem Menschen auf eine besondere Art bewegte.

Wandern auf dem Jakobsweg hat seit einem Jahrtausend eine besondere Qualität. Nicht die Tagesleistung, nicht der hohe Gipfel mit der weiten Übersicht, nicht die besondere Landschaft stehen im Mittelpunkt. Vielmehr ist es die Suche nach einem persönlichen Lebenshöhepunkt, nach Erfüllung und Heil, welche die Menschen seit dem Mittelalter und auch heute wieder als Pilger auf den Jakobsweg lockt.

Im Mittelalter galten alle Leiden und alle Heimsuchungen als Strafe Gottes für ein sündhaftes Leben. Um sich den Schutz der himmlischen Mächte, persönliches Heil und ein erfülltes, gesundes Leben zu sichern, spendeten Wohlhabende Geld, liessen Kapellen bauen und Messen lesen, andere suchten Schutz und Hilfe bei einem Heiligen, wie etwa Jakobus, zu dessen Ehren man eine Pilgerreise nach Santiago unternahm.

Es war ein Wagnis, als Jakobspilger aufzubrechen. Einige machten sich auf den Weg, um ein Gelöbnis zu erfüllen. Andere wurden von der Familie dazu bestimmt, um dem Heiligen ein konkretes Anliegen vorzulegen. Selbst Strafpilger gab es, die aus Platzmangel in den Gefängnissen zur Sühne ans Grab des Jakobus geschickt wurden. Nicht wenige wollten auch einfach ausbrechen aus ihrer Lebensenge und Abhängigkeit.

Pilgernd unterwegs zu sein formte die Menschen. Die Jakobspilger lernten andere Lebensweisen und Ernährungsgewohnheiten, Sitten und Bräuche kennen. Ihr Horizont weitete sich. Und umgekehrt erfuhren die Gastgebenden von den Pilgern vom Leben andernorts. Pilgern wurde zum Ort kulturellen Austauschs und zur persönlichen Lebensschule. Wer von Santiago zurückkehrte, hatte sich verändert. Er hatte Lebenserfahrung gesammelt, hatte seine eigene Identität ausgebildet, er hatte Geschichten zu erzählen und wurde von den Daheimgebliebenen beachtet.

Manche Pilger erfuhren auf dem Weg, was es heisst, von Gott oder einer anderen Macht begleitet und bewahrt zu werden. Ihre Dankbarkeit drückten sie dann dadurch aus, dass sie ein Pilgerbild, eine Muschelplastik oder eine Kapelle stifteten. Einige dieser Gaben sind uns in den Kirchen und Kulturgütern am Jakobsweg erhalten geblieben.

Auch modernes Pilgern auf dem Jakobsweg nährt sich von der menschlichen Sehnsucht nach Erfüllung und ganzheitlichem Heilsein. Die Enge hat heute jedoch ein anderes Gesicht: Sie heisst Verstädterung, Zeitmangel, Leistungsdruck und Informationsflut. Oft suchen auch Menschen in Übergangssituationen oder Lebenskrisen eine Auszeit, um nach Sinn und Orientierung zu suchen, eine Veränderung zu bewirken. Pilgern ist ein Ritual für diesen Entwicklungsweg. Es lädt ein, vertrauend vorwärtszugehen und zuzulassen, dass wir uns wandernd verändern.

Pilgern erdet. Es verbindet mit der Schöpfung. Beim Wandern spüren wir die Bodenbeschaffenheit unter unseren Sohlen und hinterlassen selbst unsere Spuren darin. Die Sinne werden wach. Wir hören, riechen, fühlen und erleben uns als Teil der grossen, universalen Schöpfung. Die Schritte werden zum Gebet.

Modernes Pilgern lädt ein, zur Ruhe zu kommen, die Stimme der Hoffnung neu zu hören und nach einer weiten, offenen Spiritualität zu suchen, deren Raum vom Dach des Himmels begrenzt und deren innere Bewegung auf einen erfüllenden Alltag hin orientiert ist.

Unterwegs auf dem Jakobsweg durch die Schweiz begegnet man nur hie und da anderen Pilgern. Erst abends in der Pilgerunterkunft, auf dem Bauernhof oder im einfachen Hotel am Weg trifft man sich zum Gespräch, zu einem nahrhaften Essen und zu einem Glas Wein. Beim Geschichtenerzählen taucht hinter dem Gesicht mit dem stoppligen Bart der Direktor eines Unternehmens auf, der eine Auszeit auf dem Jakobsweg verbringt. Die bleiche junge Frau entpuppt sich als Maturandin in einem Übergangsjahr. Die Frau mit dem Kopftuch und dem vom Leben zerfurchten Gesicht gibt sich als trauernde Witwe zu erkennen. Jedes Gesicht ist ein Fenster zu einer Lebensgeschichte. Doch wer man ist, spielt unterwegs kaum eine Rolle. Jede und jeder ist ein Gleicher unter Gleichen, Mensch unter Menschen: ein Pilger mit dem Hunger nach mehr Lebensfreude.

Thomas Schweizer
Projekt Europäische Jakobswege,
Leitung «Spiritualität»

www.jakobsweg.ch

Literatur
Kerkeling, Hape: Ich bin dann mal weg. Meine Reise auf dem Jakobsweg, Piper Verlag 2006
Dörig, Bruno: Wenn nichts mehr geht, dann geh, Verlag am Eschenbach 2007
Kunz, Bruno: Pilgerfortschritte. Reifungsprozesse auf spirituellen Wegen, Selbstverlag 2004, www.sinnwaerts.ch
Hagenmeyer, Ulrich: Das Ziel ist der Weg, Kreuz Verlag 2003
Sotill, Wolfgang: Einfach pilgern. Auszeit für Körper und Seele, Styra Verlag 2004
Müller, Peter: Wer aufbricht, kommt auch heim, Verlag am Eschbach 1993

Kulturwege Schweiz: Die ganze Vielfalt der Kulturlandschaft

Immer mehr Natur- und Kulturinteressierte wollen auf den Kulturwegrouten das neue Feriengefühl geniessen: unbeschwert wandern, gut essen und trinken, stilvoll übernachten und dabei die Schönheiten der Schweiz mit allen Sinnen erleben.

Die zwölf Via-Routen von Kulturwege Schweiz lassen sich nicht nur auf eigene Faust erkunden, sondern auch mit individuellen Pauschalangeboten. In den so genannten Erlebnispackages sind alle Zutaten für unbeschwerte Ferien inbegriffen: Übernachtungen, Routeninformation, Museumseintritte, Transporttickets und teilweise auch Gepäcktransport und Lunchpakete. Das Spektrum reicht vom «Budget»-Angebot auf der ViaJacobi mit Übernachtung im Stroh und in einfachen Pensionen bis hin zum Edelpackage «Swiss Historic Hotels» auf der ViaCook mit Etappenhalten in feinen historischen Hotels, vom 3-Tages-Package auf der ViaStockalper bis zum 8-Tages-Package auf der ViaValtellina. So vielfältig die Routen und Packages hinsichtlich des thematischen Schwerpunkts, des Übernachtungsangebots und der Dauer auch sind, sie folgen alle dem Konzept von Kulturwege Schweiz: Historische Verkehrswege verbinden Attraktionen der Kultur- und Naturlandschaft sowie Angebote regionaler Spezialitäten; Hotels und Restaurants mit besonderer Atmosphäre runden das Programm ab.
Aktuelle Informationen finden Sie laufend auf www.kulturwege-schweiz.ch und den Homepages der einzelnen Via-Routen.

Die Via-Routen

1. ViaCook
Genf–Luzern–Pontarlier (F)
Buchbare Angebote:
www.viacook.ch

2. ViaFrancigena
Pontarlier (F)–Grosser St. Bernhard–Aosta (I), **Wanderland Route 70**
Buchbare Angebote:
www.viafrancigena.ch

3. ViaGottardo
Basel/Schaffhausen–Chiasso, **Wanderland Route 7**
Buchbare Angebote:
www.viagottardo.ch

4. ViaJacobi
Rorschach/Konstanz (D)–Genf, **Wanderland Route 4**
Buchbare Angebote:
www.viajacobi.ch

5. ViaJura
Basel–Biel, **Wanderland Route 80**
Buchbare Angebote:
www.viajura.ch

6. ViaRhenana
Konstanz (D)/Kreuzlingen–Basel, **Wanderland Route 60**
Buchbare Angebote:
www.viarhenana.ch

7. ViaRomana
Genf–Augst
Buchbare Angebote:
www.viaromana.ch

8. ViaSalina
Arc-et-Senans (F)–Bern
Buchbare Angebote:
www.viasalina.ch

9. ViaSbrinz
Stansstad/Alpnachstad–Ponte (I), **Wanderland Route 40**
Buchbare Angebote:
www.viasbrinz.ch

10. ViaSpluga
Thusis–Chiavenna (I), **Wanderland Route 50**
Buchbare Angebote:
www.viaspluga.ch

11. ViaStockalper
Leuk–Domodossola (I), **Wanderland Route 90**
Buchbare Angebote:
www.viastockalper.ch

12. ViaValtellina
Schruns (A)–Tirano (I), **Wanderland Route 30**
Buchbare Angebote:
www.viavaltellina.ch

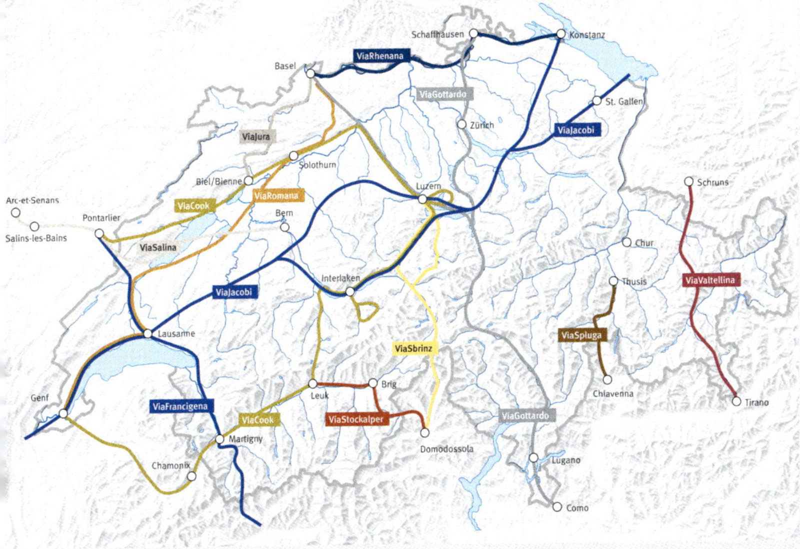

Die Fachorganisation ViaStoria – Stiftung für Verkehrsgeschichte setzt sich seit mehr als 20 Jahren für die Erforschung, Erhaltung und sachgerechte Nutzung der historischen Verkehrswege ein. Sie hat das Tourismusprogramm Kulturwege Schweiz initiiert, erarbeitet eine umfassende Verkehrsgeschichte der Schweiz und gibt die Zeitschrift «Wege und Geschichte» heraus. Mitglieder des ViaStoria-Fördervereins unterstützen die Tätigkeiten von ViaStoria und profitieren von speziellen Angeboten und Dienstleistungen. www.viastoria.ch

ViaStoria
KULTURWEGE SCHWEIZ

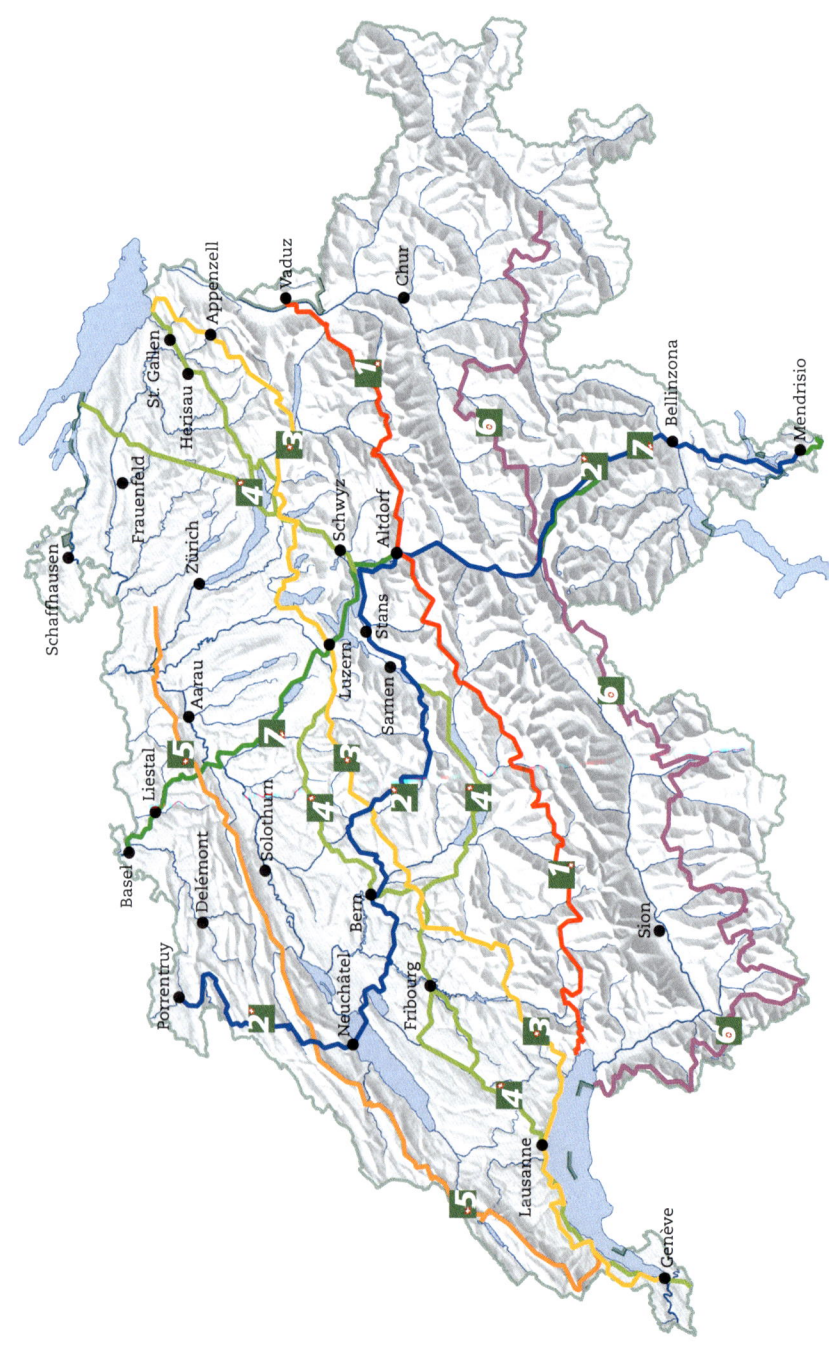

Wanderland Schweiz

Nationale Routen in Zahlen

1 Via Alpina
 390 km
 20 Etappen
 23 500 Höhenmeter

2 Trans Swiss Trail
 500 km
 32 Etappen
 17 600 Höhenmeter

3 Alpenpanorama-Weg
 510 km
 29 Etappen
 17 800 Höhenmeter

4 ViaJacobi
 645 km
 33 Etappen
 17 500 Höhenmeter

5 Jura-Höhenweg
 320 km
 16 Etappen
 13 800 Höhenmeter

6 Alpenpässe-Weg
 695 km
 43 Etappen
 47 100 Höhenmeter

7 ViaGottardo
 320 km
 20 Etappen
 10 200 Höhenmeter

Die Angabe der Höhenmeter bezieht sich jeweils auf die in den Bänden vorgeschlagene Gehrichtung.

Die im Buch angegebenen Wanderzeiten wurden mithilfe eines Geografischen Informationssystems (GIS) berechnet. Es handelt sich um Circa-Angaben.

Gratis Kartenausdrucke und App

Wir heissen Sie willkommen

Viele Hotels, Campingplätze, Privatzimmer, Jugendherbergen und Bauernhöfe haben das Qualitätslabel der Stiftung SchweizMobil erhalten. Sie haben sich dafür verpflichtet, auf die Wünsche der Wandernden in besonderem Masse einzugehen:
- Übernachtung auch für eine Nacht
- Wasch- und Trocknungsmöglichkeiten für Kleidung und Ausrüstung
- Bade-/Duschmöglichkeit im Zimmer oder im Betrieb
- Auskünfte über Angebote im Wanderland Schweiz
- Abgabe von Prospekten zum lokalen touristischen Angebot

Eine Liste dieser Übernachtungsmöglichkeiten entlang der Routen von Wanderland Schweiz findet sich auf www.schweizmobil.ch.

Übernachtungsmöglichkeiten

Um eine Unterkunft entlang der Wanderwege zu finden, kann man auch die Gratis-App von SchweizMobil benützen.
Weitere Informationen dazu auf www.schweizmobil.ch.

Wanderfreundliche Betriebe erkennen Sie am Qualitätslabel SchweizMobil.

In der Schweiz kann Wasser von öffentlichen Brunnen bedenkenlos getrunken werden; wenn nicht, warnt Sie ein entsprechendes Schild.

Eurotrek bietet ausser dem Gepäcktransport auch Mietvelos (Tourenvelos, E-Bikes und Mountainbikes), damit Sie auch im Veloland und im Mountainbikeland bequem unterwegs sein können.

Wandern ohne Gepäck

Als offizieller Partner von Schweiz-Mobil organisiert Eurotrek Wanderreisen in der ganzen Schweiz. Landesweit profitieren Sie von unserem Gepäckservice, der es Ihnen ermöglicht, alle nationalen und regionalen Routen von Wanderland Schweiz ohne schweren Rucksack zu entdecken.

Neben dem Koffertransport umfasst Ihre Buchung bei Eurotrek die Reservation aller Unterkünfte, detaillierte Reiseunterlagen sowie Eintritte und Sonderleistungen entlang der Strecke. Bei Fragen und Problemen unterwegs sind wir auch am Wochenende für Sie erreichbar.

Buchungen können Sie während der Sommermonate auch kurzfristig tätigen. Nehmen Sie mit uns Kontakt auf, wir freuen uns, Ihre Reise im Wanderland von SchweizMobil für Sie zu organisieren!

Eurotrek

Weitere Informationen und Beratung
Eurotrek AG
Lerzenstrasse 21, 8953 Dietikon
+41 (0)44 316 10 00
eurotrek@eurotrek.ch
www.eurotrek.ch

Bahn, Bus und Schiff

Der öffentliche Verkehr erschliesst das Wanderland im Taktfahrplan. Nutzen Sie diesen Vorteil:

1. zur Anreise an den Ausgangsort und zur Heimreise
2. zum Verkürzen einer langen Tagesetappe oder weil es zu regnen beginnt
3. zur Abwechslung kombinieren Sie eine Wanderung mit einem Schiffsausflug
4. zum Überwinden grösserer Höhendifferenzen
5. zum Überwinden weniger attraktiver Strecken

Für die Punkte 3 bis 5 hat SchweizMobil für Sie Vorschläge gemacht.

In diesem Buch sind die Piktogramme bei den Beschreibungen der einzelnen Etappen eingefügt, vor allem im Hinblick auf eine mögliche Abkürzung bei langen Etappen. Den entsprechenden Fahrplan und Angaben für die Reservation erhalten Sie unter www.schweizmobil.ch.

Die Wegweiser von SchweizMobil

Die Wegweiser sind in der Schweiz nach Farben geordnet: Rot steht je nach Mobilitätspiktogramm für Velo-, Mountainbike- und Skatingrouten und Gelb für Wanderwege.

Auf den Wegweisern sind die Routen von SchweizMobil mit einem einheitlichen System von Routenfeldern mit Nummern gekennzeichnet. Einstellige Nummern stehen für nationale, zweistellige für regionale und dreistellige für lokale Routen.

Die Routenfelder sind für das Wandern grün, für das Velofahren hellblau, für das Mountainbiken ocker und für das Skaten violett. Diese Farben werden auch für die Darstellung der Routen z. B. auf Informationstafeln oder im Internet genutzt.

Fehlen Wegweiser oder sind sie beschädigt, nutzen Sie bitte unser Feedback-Formular unter www.schweizmobil.ch. Wir danken Ihnen für Ihre Unterstützung.

Achtung: Aus der roten und gelben Wegweisung kann kein erhöhter Haftungsanspruch abgeleitet werden.

Offizielle Signalisierung des Wanderwegnetzes in der Schweiz

 Wanderwege verlaufen vorwiegend abseits von Strassen mit motorisiertem Verkehr und weisen möglichst keine Asphalt- oder Betonbeläge auf. Sie stellen keine besonderen Anforderungen an die BenützerInnen.

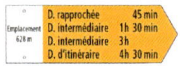 Gelbe Wegweiser informieren über Standorte, Wanderziele und Gehzeiten (Pausen nicht eingerechnet).

 Gelbe Rhomben bestätigen den Verlauf des Wanderwegs. Gelbe Richtungspfeile geben Klarheit über den einzuschlagenden Weg.

 Bergwanderwege erschliessen teilweise unwegsames Gelände und verlaufen überwiegend steil, schmal und teilweise exponiert. BenützerInnen müssen trittsicher, schwindelfrei, in guter körperlicher Verfassung und bergerfahren sein. Feste Schuhe, eine der Witterung entsprechende Ausrüstung und topografische Karten werden vorausgesetzt.

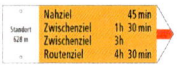 Gelbe Wegweiser mit weiss-rot-weisser Spitze informieren über Standorte, Wanderziele und Gehzeiten (Pausen nicht eingerechnet).

  Weiss-rot-weisse Farbstriche bestätigen den Verlauf des Wanderwegs. Weiss-rot-weisse Richtungspfeile geben Klarheit über den einzuschlagenden Weg.

 Alpinwanderwege führen teilweise über Schneefelder, Gletscher oder Geröllhalden und durch Fels mit kurzen Kletterstellen; teils weglos. Trittsicherheit, Schwindelfreiheit und eine sehr gute körperliche Verfassung werden vorausgesetzt. Alpine Erfahrung und entsprechende Ausrüstung sind nötig.

 Blaue Wegweiser mit weiss-blau-weisser Spitze informieren über Standorte, Wanderziele und Gehzeiten (Pausen nicht eingerechnet).

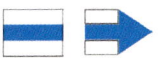
Weiss-blau-weisse Farbstriche bestätigen den Verlauf des Alpinwanderwegs. **Weiss-blau-weisse Richtungspfeile** geben Klarheit über den einzuschlagenden Weg.

Die **Informationstafel Alpinwanderweg** weist am Weganfang auf die besonderen Anforderungen hin.

....

Zusätzliche Signalisierung der Wanderrouten im «Wanderland Schweiz»

Diese Routen erfüllen hohe Qualitätsanforderungen (Qualitätsziele der Wanderwege Schweiz) und heben sich qualitativ deutlich vom übrigen Wanderwegnetz ab.

Internationale Fernwanderrouten sind, soweit möglich, Bestandteil der nationalen Routen von Wanderland Schweiz. Dort, wo internationale Fernwanderrouten über nationale Routen geführt werden, wird das Routenfeld durch einen blauen Winkel ergänzt.

Nationale Routen durchqueren einen Grossteil der Schweiz, und ihre Ausgangspunkte und Ziele liegen meist im grenznahen Bereich. Sie werden mit einem Routenfeld und einer einstelligen Nummer signalisiert.

Regionale Routen führen durch mehrere Kantone und werden mit einem Routenfeld sowie einer zweistelligen Nummer signalisiert.

Lokale Routen sind örtlich besonders attraktive Wanderwege und werden mit einem Routenfeld sowie einer dreistelligen Nummer signalisiert.

In der Schweiz sind Wanderwege manchmal gemeinsam mit Mountainbikerouten signalisiert. Gegenseitige Rücksichtnahme ist eine gute Voraussetzung für die gemeinsame Wegbenützung.

ViaJacobi: Auf historischem Pilgerweg quer durch die Schweiz

Pilger sein heisst Fremder sein. Das lateinische Wort «peregrinatio» steht für den Aufenthalt in der Fremde und das Reisen. Die Motive, um auf Pilgerschaft zu gehen, waren in allen Zeiten äusserst vielfältig und hatten sowohl religiöse als auch nichtreligiöse Hintergründe. Das Phänomen des Pilgerns ist nicht auf die christliche Religion beschränkt, erlangte aber im Christentum des Mittelalters eine grosse Blüte. Als erster Pilger gilt in der biblischen Tradition Abraham, der sich auf den Weg machte, um das verheissene Land zu suchen.

Seit den 1960er Jahren erfreut sich das Pilgern erneut wachsender Beliebtheit. Besonders viele Reisende haben das Grab des heiligen Jakobus in Santiago de Compostela als Ziel. Der Jakobsweg hat unterdessen eine beachtliche Medienpräsenz erreicht. 1987 wurde er vom Europarat zur ersten europäischen Kulturstrasse erklärt. Es folgten zahlreiche Bestrebungen zur Erforschung und Reaktivierung des Jakobsweges in Deutschland, Frankreich und der Schweiz. In diesem Zusammenhang ist das Projekt «Jakobswege durch die Schweiz» entstanden, das ViaStoria (damals unter dem Namen IVS, Inventar der historischen Verkehrswege der Schweiz) gemeinsam mit den Schweizer Wanderwegen und deren kantonalen Sektionen koordiniert hat.

Daraus ist die nun durchgehend markierte ViaJacobi hervorgegangen. Sie führt als Teil des europäischen Jakobsweges am Alpenfuss entlang vom Bodensee nach Genf – quer durch die Schweiz. Kirchen, Klöster,

Kapellen und Herbergen reihen sich an dieser Route aneinander wie Perlen auf einer Kette. Das Wandererlebnis wird bereichert durch die abwechslungsreiche Kulturlandschaft und die Möglichkeit, lokale Museen zu besuchen und in den verschiedenen Regionen die Spezialitäten der einheimischen Küche zu geniessen.

Freude am Pilgern herrschte bereits im gar nicht so finsteren Mittelalter. Im ältesten deutschen Pilgerführer nach Santiago de Compostela, geschrieben 1495 von Hermann Künig von Vach, wird empfohlen: «Darum sollst du fröhlich damit beginnen / und sollst zuerst nach Eynsideln gehen. / Dort findest du überreichlich römischen Ablass. / Da kommst du dann auf die ‹Oberstrasse›, / an der du viele heilige Stätten finden wirst.»

Das Abzeichen der Jakobspilger ist die Jakobsmuschel, die in stilisierter Form auf den Wegweisern abgebildet ist. Gemäss dem «Liber Sancti Jacobi», einem Jakobsbuch aus dem 12. Jahrhundert, haben die beiden Schalenhälften der Muschel symbolischen Wert. Sie bezeichnen die zwei Vorschriften der Nächstenliebe, mit denen der Träger sein Leben festigen muss: Gott über alles und den Nächsten wie sich selbst zu lieben. Auch der Pilgertasche schreibt das Jakobsbuch symbolischen Wert zu. Sie ist eng, damit die Pilgerinnen und Pilger nur wenig Vorrat mitnehmen, und immer offen, da sie zuvor ihren Besitz mit den Armen geteilt haben und nun zum Nehmen und Geben bereit sein müssen. Eine seltene Jakobsfigur aus dem 13. Jahrhundert im Konstanzer Münster hält gleich mehrere Stäbe und Taschen in den Händen. Jakobus ist bereit, diese Zeichen der Pilgerschaft mit dem traditionellen Segen zu versehen und den aufbrechenden Pilgerreisenden mit auf den Weg zu geben.

OSTSCHWEIZ

Für viele Bernerinnen und Berner hört die Schweiz in Winterthur auf. Die Ostschweiz ist für sie «Terra incognita», und der wahrhafte Endpunkt der Schweiz ist – gemäss einem Mani-Matter-Lied – Rorschach. Das sehen die Ostschweizerinnen und -schweizer natürlich anders. Schliesslich vertreten sie sechs Kantone (St. Gallen, Thurgau, Schaffhausen, Glarus, Appenzell Ausserrhoden und Innerrhoden) sowie als «zugewandten Ort» das Fürstentum Liechtenstein. Die Ostschweiz ist mit Recht stolz auf ihre gesunde Wirtschaftskraft, fühlt sich aber von Bundesbern des Öfteren benachteiligt. Ob dies auf die grosse Distanz zur Hauptstadt zurückzuführen ist? Tatsächlich hat die Ostschweiz weit mehr zu bieten als Olma-Bratwürste und einen spitzen Dialekt. Zuallererst einmal eine satt-grüne Landschaft, in dessen Mitte der Alpstein thront. Blickt man vom Säntisgipfel in die Runde, so

sieht man im Norden die abflachenden Hügelkuppen des Appenzellerlandes und den glitzernden Bodensee, im Westen das in Dunst gehüllte Mittelland, im Süden reihenweise Bergketten mit weissen Gipfeln am Horizont und im Osten das Rheintal – also eigentlich die gesamte Ostschweiz. Eine solche Landschaft lädt geradezu zum Wandern ein. Für Berggewohnte führen unzählige Wege durch das Alpsteinmassiv, auf die sieben Churfirsten oder auf die hohen Gipfel der Glarner Alpen, für gemässigte Wanderinnen jede Menge Wanderwege durch die Wiesen und Wälder des Appenzeller- und St. Gallerlandes und für Genusswanderer zahllose Routen durch die Obstgärten des Thurgaus und an den Rheinfall von Schaffhausen.

Auch kulturell kann die Ostschweiz auftrumpfen, angefangen bei der Stadt St. Gallen, deren Klosterbezirk zum Unesco-Weltkulturerbe gehört und deren Stiftsbibliothek einen weltweiten Ruf geniesst, über barocke Klöster, wehrhafte Burgen, mittelalterliche Kleinstädte bis zu prachtvollen Schlössern, deren bekanntester Repräsentant das Schloss von Vaduz ist. Aber ebenso die kunstvoll bemalten Häuser im Appenzellerland, die urchige Volksmusik, die alten Bräuche, beispielsweise der Umgang der Silvesterkläuse in Urnäsch, die prachtvollen Alpaufzüge und die sorgsam gepflegte Volksmusik gehören zur lebendigen Kultur der Ostschweiz.

4.01 Rorschach–Herisau

Wandern mit Gallus: Der Weg zum Unesco-Weltkulturerbe

Hafen Rorschach mit Kornhaus (1746–1749)

Im Jahr 947 verlieh König Otto I. dem Abt Graloh vom Kloster St. Gallen das Markt-, Münz- und Zollrecht zu Rorschach. Um 1300 ist dann der Marktflecken, direkt am Bodensee und an mittelalterlichen Handelsrouten gelegen, erstmals in einem Itinerar als Pilgerstation erwähnt.

Der Stiftsbezirk St. Gallen ist seit 1983 Unesco-Weltkulturerbe. In der Ostkrypta der Stiftskirche befindet sich gemäss Überlieferung das Grab des heiligen Gallus. Der aus Irland stammende Wandermönch strauchelte im Jahr 612 n. Chr. am Fluss Steinach über einen Stachelbusch. Er beschloss, seine Pilgerfahrt dort zu beenden, und liess sich in einer Einsiedlerzelle nieder. Der eigentliche Gründer des Klosters St. Gallen war 719 n. Chr. Otmar. Das Kloster übte auch weltliche Macht aus; bis 1798 war der Abt von St. Gallen Reichsfürst mit Sitz und Stimme im Reichstag des Heiligen Römischen Reiches Deutscher Nation.

Müssiggang ist der Seele Feind. Deshalb sollen die Brüder gemäss der Ordensregel des Heiligen Benedikt zu bestimmten Stunden des Tages mit heiliger Lesung beschäftigt sein. Die Stiftsbibliothek ist eine der ältesten und schönsten Klosterbibliotheken weltweit. Lesebegeisterte haben die Bibliothek mit dem Roman «Fräulein Stark» von Thomas Hürlimann auf eine amüsante neue Weise kennengelernt. Aber auch ältere Geschichten aus dem Kloster St. Gallen ergreifen das Gemüt, wie die Legende des Martyriums der heiligen Wiborada, Schutzpatronin der Pfarrhaushälterinnen, Köchinnen, Bibliotheken und Bücherfreunde.

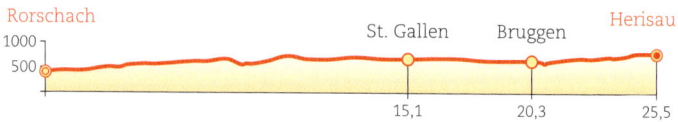

Zwischen St. Gallen und Herisau, dem ältesten appenzellischen Kirchort, liegt in Bruggen eine besonders spannende Brückenlandschaft. Auf einer Strecke von wenigen hundert Metern überqueren fünf Brücken aus mehreren Jahrhunderten die Sitter. Auch das folgende schöne Naturschutzgebiet des Gübsensees bietet eine willkommene Abwechslung nach dem intensiven Kulturerlebnis im St. Galler Klosterbezirk.

Büchersaal der Stiftsbibliothek St. Gallen (1758–1767)

Stiftsbibliothek St. Gallen, www.stiftsbezirk.ch

🕐 6 h 40 min	Rorschach		0:00
↔ 26 km	St. Gallen	4:00	4:00
↗ 800 m	Bruggen	1:00	5:00
↘ 420 m	Herisau	1:50	6:40
schwer			
217 T Arbon, 227 Appenzell			

Vom Appenzellerland ins Toggenburg

Herisau, Hauptort Appenzell Ausserrhodens, ist als alemannische Siedlung erstmals 837 in einer Urkunde des Klosters St. Gallen erwähnt. Ein Vorgängerbau der reformierten Kirche St. Laurentius geht auf das Jahr 907 zurück.

Die ViaJacobi führt an der ehemaligen Herberge zum Goldenen Sternen (Weisses Rössli) vorbei und dann durch die vielgestaltige Hügellandschaft des Appenzells und des Toggenburgs. Die Wanderung bietet immer wieder Rastplätze mit schönen Rund- und Ausblicken, so auf dem Nieschberg, dem Säntisblick und nach dem Weiler Risi beim Aussichtspunkt Sitz. Bei klarem Wetter sind sogar Eiger, Mönch und Jungfrau erkennbar.

An Einzelhöfen und teils prächtigen Hecken entlang führt der Weg nach St. Peterzell hinunter. Der Name weist auf eine Einsiedelei oder Zelle hin, die hier im 11. Jahrhundert von den Freien zu Illnau zu Ehren des Heiligen Petrus errichtet wurde. Besonders sehenswert ist hier auch das Bädli. Der ursprünglich aus dem

«Bädli» St. Peterzell (18. Jahrhundert)

18. Jahrhundert stammende Bau beeindruckt durch eine der prunkvollsten Rokokofassaden des Kantons St. Gallen.

Wattwil, schon sehr früh Versammlungsort der toggenburgischen Landsgemeinde, ist seit Ende des 18. Jahrhunderts ein bedeutendes Zentrum der Textilindustrie. Der Ort ist Knotenpunkt mehrerer Pilger- und Handelswege. Seit dem Mittelalter führte eine Fähre über die Thur. Die Über-

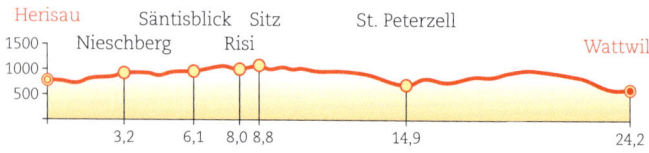

fahrt war für Pilger noch Mitte des 18. Jahrhunderts kostenlos. Das Kapuzinerinnenkloster St. Maria der Engel, gebaut 1621 und auf einem Hügel über Wattwil thronend, ist die besterhaltene Klausuranlage im Kanton St. Gallen.

Fazenda da Esperança, ehemaliges Kloster St. Maria der Engel, www.fazenda.ch

Kloster St. Maria der Engel in Wattwil (17./18. Jahrhundert)

🕐	7 h 15 min	Herisau		0:00
↔	24 km	Nieschberg	1:10	1:10
↗	1000 m	Säntisblick	0:50	2:00
↘	1200 m	Risi	0:35	2:35
	schwer	Sitz	0:25	3:00
	226 T Rapperswil	St. Peterzell	1:35	4:35
	227 T Appenzell	Wattwil	2:40	7:15

Hügel, Wälder und Hohlwege zum Zürichsee

Holzsteg mit «Heilig Hüsli» (1551) und Blick zurück auf Rapperswil

Von Wattwil aus führt der Weg an der Burg Iberg vorbei zur Laad. Es folgt eine Wanderung durch eine mit Einzelhöfen besiedelte Landschaft, geprägt von sanft geschwungenen Hügeln mit kleineren und grösseren Waldstücken. Verschiedene schöne Hohlwege bereichern das Erlebnis. Bei Bodenwis breitet sich eine prächtige Moorlandschaft von nationaler Bedeutung aus.

Die barocke Kirche in Walde wurde 1840 als Nachfolgerin einer Antoniuskapelle von 1769 gebaut. Eine St.-Ursula-Kirche stand 1708 in Rüeterswil. Die heutige, 1810 errichtete Kapelle enthält eine ungefasste Holzfigur des Jakobus. St. Gallenkappel verfügt über eine Gallus und Laurentius geweihte Kirche, der seit 1456 auch Christophorus und Jodokus als Mitpatrone angehörten. Beides sind Heilige, welche die Pilgernden beschützen. Die heutige Kirche stammt aus dem Jahr 1754. Entworfen hat sie der Appenzeller Baumeister Jakob Grubenmann, der auch als Brückenbauer Berühmtheit erlangte. Im Deckengemälde unter der Empore ist er als korpulenter Mann mit Hosenträgern dargestellt.

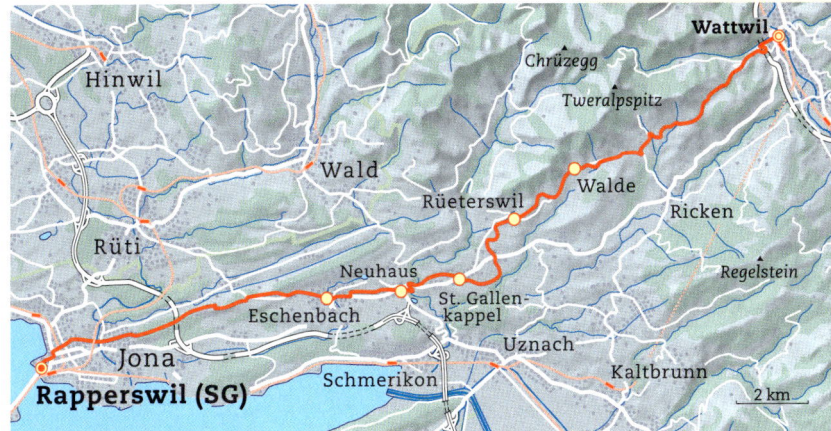

In der Umgebung von Neuhaus ist seit dem Mittelalter eine Kapelle bezeugt. Der 1635 erneuerte Bau über dem Aabachtobel steht unter dem Schutz des Jakobus. Die gedeckte Holzbrücke über den Aabach wurde 1830 von Franz Spiller als mehrfache Hängesprengwerkbrücke errichtet. In Eschenbach ist bereits für das Jahr 885 eine Vorgängerin der Katholischen Pfarrkirche St. Vincentius (grösstenteils 18. Jahrhundert) als Michaelskirche erwähnt.

Im Etappenendpunkt Rapperswil fanden die mittelalterlichen Pilgernden Hilfe im Kapuzinerkloster sowie Betreuung und Unterkunft in der Pilgerherberge im Heiliggeistspital. Das um 1200 errichtete mittelalterliche Städtchen mit seinen zahlreichen Gaststätten war ein Verkehrsknotenpunkt, geprägt durch seine Lage am Holzsteg an der engsten Stelle des Zürichsees.

Stadtmuseum Rapperswil-Jona, www.stadtmuseum-rapperswiljona.ch

🕐	7 h 25 min	Wattwil		0:00
↔	28 km	Walde	2:40	2:40
↗	740 m	Rüeterswil	0:40	3:20
↘	950 m	St. Gallenkappel	0:50	4:10
	schwer	Neuhaus	0:35	4:45
	226 T Rapperswil	Eschenbach	0:35	5:20
		Rapperswil	2:05	7:25

Auf dem Holzweg zur Schwarzen Madonna

Die Verbindung von Rapperswil mit Pfäffikon hat durch den 2001 neu errichteten Holzsteg nach Hurden einen besonderen Reiz. Die 841 Meter lange Konstruktion aus Eichenholz ruht auf 233 Pfählen. Der Übergang an der engsten Stelle des Zürichsees hat eine lange Geschichte. Urzeitliche Holzpfeiler lassen vermuten, dass bereits 1500 v. Chr. an dieser Stelle eine Brücke bestand. Das Heilighüsli, die spätgotische Brückenkapelle, ist allerdings um einiges jünger; sie ist am Türgewände mit der Jahreszahl 1551 versehen.

Auf dem Etzelpass können die Pilgernden die St. Meinradskapelle, eine Kopie der Einsiedler Gnadenkapelle, besuchen. Sie stammt aus den Jahren 1697/98 und ist ein Nachfolgebau eines Heiligtums aus dem 13. Jahrhundert. Daneben steht das gleichnamige, seit dem 14. Jahrhundert bezeugte Gasthaus. Der Abstieg zur Tüfelsbrugg und die Fortsetzung des Weges nach Einsiedeln entsprechen dem historisch bezeugten Verlauf des Jakobsweges. Die Kapelle St. Gangulf auf dem Brüel, erbaut 1034, ist die älteste Kapelle des Hochtals von Einsiedeln. Von hier aus sind bereits die Kirchtürme des Klosters Einsiedeln, des wichtigsten Pilgerzentrums der Schweiz, erkennbar.

Der Grundstein zum Benediktinerkloster wurde 934 vom Dompropst Eberhard aus Strassburg dort gelegt, wo am 21. Januar 861 der Mönch

Kapelle St. Meinrad auf dem Etzelpass (1697–98, 1758)

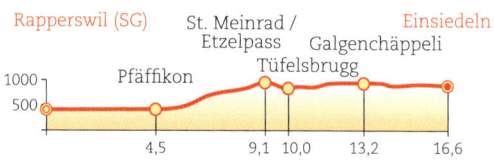

Die Klosterkirche Einsiedeln (1719–1734) gilt als bedeutendste Barockkirche der Schweiz.

Meinrad von zwei Räubern erschlagen worden war. Die Marienwallfahrt nach Einsiedeln, nachgewiesen seit dem 13./14. Jahrhundert, führte zu wachsenden Pilgerströmen aus weiten Teilen Europas. Bereits im 15. Jahrhundert war das Kloster neben Aachen, Monserrat, Loreto und Canterbury eines der grossen Marienheiligtümer des Abendlandes. Im Zentrum des Kultes steht die schwarze Einsiedler Madonna in der nach 1815 erneuerten und mit schwarzem Marmor verkleideten Gnadenkapelle. In Einsiedeln begannen und endeten aber auch viele Pilgerreisen nach Santiago de Compostela.

Kloster Einsiedeln, «Salve Regina» in der Gnadenkapelle, täglich um ca. 17 Uhr, www.kloster-einsiedeln.ch

4 h 50 min	Rapperswil		0:00
17 km	Pfäffikon	1:05	1:05
780 m	St. Meinrad/Etzelpass	1:50	2:55
300 m	Tüfelsbrugg	0:15	3:10
mittel	Galgenchäppeli	0:55	4:05
226 T Rapperswil, 236 T Lachen	Einsiedeln	0:45	4:50

ZENTRALSCHWEIZ

Wilde Krieger beherrschten lange Zeit das Herz der Schweiz. Mit grossem Stolz verteidigten sie die wunderschöne Landschaft rund um den Urnersee. Noch heute finden Wandernde an vielen weltberühmten historischen Orten Spuren aus der Geburtszeit der Schweiz. Die Mannen unter der Flagge des Uristiers galten als äusserst wilde Krieger und beanspruchten die Alpen bis weit ins Glarnerland mit dem Urnerboden und bis nach Engelberg. Die Innerschweizerinnen und Innerschweizer sind auch heute immer noch etwas distanziert gegenüber dem Unbekannten und Fremden, deshalb entwickelte sich der internationale Tourismus eigentlich nur zwischen Luzern und Engelberg mit dem vergletscherten Titlis und der berühmten Drehgondelbahn.

Göschenen und Andermatt erlebten die Blütezeit des ersten Tourismus mit der Eröffnung des Gotthard-

passes und seiner Überquerung mit der Gotthardpost. Seit der Neuzeit werden sie vielfach nur noch als schöne Kulisse auf der Autobahn umfahren. Glücklicherweise verhelfen die Investitionen des Ägypters Samih Sawiris Andermatt zu neuem Aufschwung.

Die Zentralschweiz mit ihren vielen in Hügel und Gebirgslandschaften eingebetteten Seen und den gut erschlossenen Aussichtsbergen gilt als schönste Gegend der Welt. Der Wanderer findet Hunderte von abwechslungsreichen Routen, vom Kinderwagenweg bis zum schwindelerregenden Grat. Als absolute Highlights gelten das abgelegene Maderanertal mit dem Golzernsee oder das Göscheneralptal, wo einem die Kulisse des Dammastocks über dem tiefgrünen Göscheneralpsee schlichtweg die Sprache verschlägt. In solch abgelegenen Tälern in furchterregend steilen Bergflanken wird von älteren Bergbauern noch der traditionelle Wildheuet praktiziert.

Die Hütten des Schweizer Alpen-Clubs bieten hervorragende Gastlichkeit und verkürzen die Wege zu den vergletscherten, abgelegenen Dreitausendern. Postautos bringen die Besucher zu den grossen Alpenpässen, wo schöne Höhenwege an traditionellen Alpen vorbeiführen. Die Wandernden erwarten im Herzen der Schweiz herzliche Begegnungen in urtümlicher Landschaft.

Über die Haggenegg, höchster Punkt auf der ViaJacobi

«Bruustchappeli», Wegkapellchen von 1795

Die westlich des Klosters Einsiedeln gelegene weltliche Siedlung besass eine der frühesten städtebaulichen Verordnungen der Schweiz (1419), die auf die Bedürfnisse der Wallfahrt ausgerichtet war. Die Betreiber der zahlreichen Gaststätten, die Händlerinnen und Handwerker konnten ihr Gewerbe nur mit Einwilligung des Abtes ausüben.

Nach dem Verlassen des Marienwallfahrtsortes trifft man auf das stattliche Frauenkloster Au. Um 1200 kamen Frauen nach Einsiedeln und lebten in den Wäldern. In der Nachfolge dieser Waldschwestern entstand das Benediktinerinnenkloster in der Au, mit Anna Anin aus Bürglen/UR als der ersten Vorsteherin (um 1280).

Der Weg führt durch das schöne Hochtal der Alp und über die Haggenegg. Damit ist der höchste Punkt der ViaJacobi durch die Schweiz erreicht. Dies lässt sich mit dem Genuss der Aussicht auf die markante Zentralschweizer Berg- und Seenlandschaft feiern. Es folgt der Abstieg nach Schwyz, der Westflanke der beiden Mythen folgend. Die Pyramiden des Grossen und Kleinen Mythen erinnern an eine der bekanntesten Darstellungen dieser Berge, häufig in der Tagesschau des Schweizer Fernsehens zu bewundern, insbesondere während den Sessionen: das Wandgemälde im Nationalratssaal des Bundeshauses in Bern.

Kulturhistorisch bedeutende Sakralbauten sind in Schwyz das Fran-

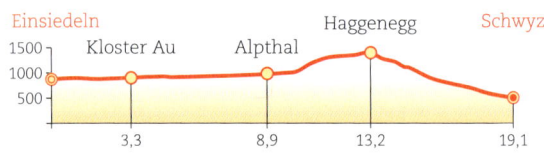

ziskanerinnenkloster St. Peter am Bach und die Pfarrkirche St. Martin. Die Vorgängerinnen von St. Martin, die 1642 abgebrannte gotische Kirche und die frühbarocke Hallenkirche (1643–1769), besassen einen Altar zu Ehren des heiligen Jakobus. In der heutigen St. Martinskirche, dem sechsten Gotteshaus an dieser Stelle, ist nur noch der heilige Sebastian zu finden. Der Barockbau von 1774 wird als die «festlichste Barockkirche der Schweiz» beschrieben. Die Wegkapelle St. Karl, die der St. Karligasse den Namen gab, ist eine der vier Schwyzer Einungskapellen. Diese Kapellen standen an den Ausfall-

strassen von Schwyz, jeweils am Rand ihres Dorfkreises, der sogenannten Einung.

Bundesbriefmuseum Schwyz,
www.bundesbrief.ch

Abstieg von der Haggenegg mit Blick auf Lauerzer- und Vierwaldstättersee

5 h 35 min	Einsiedeln		0:00
19 km	Kloster Au	0:50	0:50
600 m (ab Brunni)	Alpthal	1:25	2:15
950 m	Haggenegg	1:25	3:40
schwer	Schwyz	1:55	5:35
236 T Lachen			

Schöne Aussichten über dem Vierwaldstättersee

Beckenried mit katholischer Pfarrkirche St. Heinrich (1790–1807)

Zu dieser Etappe gehört die Schifffahrt von Brunnen nach Treib, dem sehr alten Susthafen am geografischen Berührungspunkt der drei Kantone Uri, Schwyz und Nidwalden. Sehenswert sind die Kapellen und Kirchen in Schwyz, Ibach, Ingenbohl, Emmetten, Beckenried und Buochs. Die ständig neue und während der Wanderung variierende Sicht auf den Vierwaldstättersee und die ihn umschliessende Alpenlandschaft ist schlicht berauschend.

Für diejenigen, die einen Teil des Aufstiegs von Treib nach Emmetten meiden möchten, bietet sich der Abstecher mit der Bahn zum ehemaligen Wallfahrtsort Maria Sonnenberg oberhalb Seelisberg an. Kurz vor Stans, in Ennerberg, steht die Loretokapelle, eine Nachbildung der Casa Santa im italienischen Wallfahrtsort Loreto. Gestiftet hat die Kapelle der Landammann und Heerführer Johann Jakob Ackermann nach seinem Sieg im 2. Villmergerkrieg 1712, weshalb im Innern der Kapelle ein grosser Prospekt dieser Schlacht dargestellt ist.

Im historischen Dorfkern von Stans befindet sich die Pfarrkirche St. Peter und Paul. Der Bau aus dem 17. Jahrhundert ist ein schönes Beispiel für die Architektur des beginnenden Frühbarocks und Mutterkirche des ganzen Engelbergertals. Der romanische Glockenturm von St. Peter und Paul entstand um 1200. Über einen

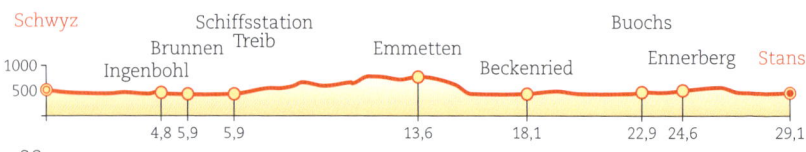

Eingang neben der Freitreppe der Pfarrkirche gelangt man zur auf das 14. Jahrhundert zurückgehenden Marienkapelle, volkstümlich «Maria unter dem Herd» genannt.

Neben der Kirche steht das Winkelried-Denkmal. Winkelried gehört zu den beliebtesten Schweizer «Nationalheiligen». Die feierliche Einweihung dieses Monuments auf dem Dorfplatz von Stans fand 1865 in Anwesenheit des gesamten Bundesrates statt.

Mit der Bahn von Treib auf den Seelisberg, Besuch der Wallfahrtskapelle Maria Sonnenberg, www.seelisberg.ch

Kapelle Heilig Kreuz (1791) in Emmetten

8 h	
29 km	
880 m	
950 m	
schwer	
235 T Rotkreuz, 236 T Lachen, 245 T Stans	

Schwyz		0:00	
Ingenbohl	0:30	0:30	
Brunnen	0:20	0:50	
Schiffsstation Treib			
Emmetten	2:50	3:40	
Beckenried	1:30	5:10	
Buochs	1:10	6:20	
Ennerberg	0:30	6:50	
Stans	1:10	8:00	

Auf den Spuren von Bruder Klaus

Nach dem ersten Aufstieg nach Stans öffnet sich ein eindrückliches Panorama auf den Stanserboden, den Vierwaldstättersee und die Innerschweizer Berggipfel. Höhepunkt am Ende der Etappe ist die Einsiedelei des Niklaus von Flüe mit den Ranftkapellen.

Die Jakobskapelle von Ennetmoos ist im Zusammenhang mit fünf Ablassbriefen bereits im 14. Jahrhundert erwähnt. Seit 1595 sind jährliche Wallfahrten des Nidwaldner Rates nachgewiesen. Volksfrömmigkeit zeigt das Meichäppeli in Gmei/Kerns. Südwestlich davon befindet sich die St.-Katharina-Kapelle von 1641. In Kerns/Halten steht die Kapelle zu Ehren des heiligen Anton. Die St.-Niklausen-Kapelle, entstanden um 1350, gilt als eine der drei ältesten Heiligtümer Obwaldens. Bald danach beginnt der steile Abstieg in den Ranft.

In Flüeli wurde 1417 der Schweizer Nationalheilige Niklaus von Flüe ge-

Flüeli-Ranft mit oberer (1469) und unterer Ranftkapelle St. Maria (1501)

Sarnersee-Berglandschaft, Ausblick vom Hotel Pax Montana

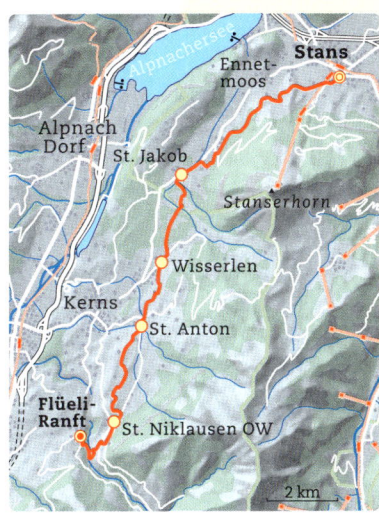

boren. Im Alter von 50 Jahren verliess er seine Frau Dorothea Wyss und die zehn Kinder, zog als Pilger in die Fremde (bis nach Liestal), kehrte wieder zurück und wurde in Ranft Einsiedler. Nach seinem Tod besuchten viele Pilgerinnen und Pilger die Bruder-Klausen-Stätten in Sachseln und auf dem Flüeli. Die obere Ranftkapelle stammt aus dem Jahr 1469, die untere wurde 1501 errichtet. Flüeli-Ranft ist bis heute ein Pilgerort, mit der Karl-Borromäus-Kapelle als Wahrzeichen auf einem steilen Felskopf. Besucht werden können das Geburts- und Wohnhaus des Eremiten im Dorf und seine ursprüngliche Zelle, wo er als Einsiedler lebte. Den Fussweg von der tiefen Schlucht bergan nach Flüeli zieren die untere Ranftkapelle und die Klause mit der oberen Ranftkapelle.

Übernachtung im Jugendstilhotel Pax Montana, www.paxmontana.ch

5 h	Stans		0:00	
17 km	St. Jakob	1:50	1:50	
760 m	Wisserlen	1:00	2:50	
480 m	St. Anton	0:35	3:25	
mittel	St. Niklausen	1:00	4:25	
245 T Stans	Flüeli-Ranft	0:35	5:00	

4.08 Flüeli-Ranft–Brünigpass

Bergseen und ein historischer Passübergang

Die Wanderung beginnt bei der Karl-Borromäus-Kapelle in Flüeli-Ranft. Von hier bietet sich eine grossartige Aussicht auf die Melchtalberge, das Obwaldnerland mit dem Sarnersee, Stanserhorn und Pilatus.

Von Flüeli bis nach Sachseln folgt die ViaJacobi dem «Visionenweg». Er führt durch eine gepflegte Landschaft und wird von Kunstplastiken über die sechs Visionen des Bruder Klaus gesäumt. In Sachseln, am Endpunkt des Visionenweges, steht die berühmte Wallfahrts- und Pfarrkirche St. Theodul mit den Gebeinen des Bruder Klaus. Sie wurde 1672 bis 1684 erbaut. Auffällig sind die Säulen im Innern, die aus schwarzem, marmorartigem Kalkstein bestehen, der aus dem Melchtal stammt.

Die abwechslungsreiche Route setzt sich dann an den Ufern des Sarner- und des Lungernsees fort und verläuft ab Lungern auf dem – wie ein dort gefundener Wallfahrtspfennig zeigt – nachweislich als Pilgerweg benutzten alten Brünigweg. Ein besonders auffälliges Wegelement sind die in den Pfad eingehauenen Stufen, die «Käppelistiege», nicht weit oberhalb der Kirche von Lungern.

Wallfahrts- und Pfarrkirche St. Theodul in Sachseln (1672–1684)

«Käppelistiege» am Aufstieg
von Lungern auf den Brünigpass

Unterwegs trifft man auf mehrere Kirchen und Kapellen: die dem heiligen Josef geweihte Kapelle in Elisried von 1752, die Kapelle von Bürglen aus den 1830er Jahren, der Gottesmutter, Antonius und Wendelin geweiht, die Beatuskapelle am Obsee, 1567 als Ersatz für die Kapelle St. Batten bei den Beatushöhlen errichtet, die im protestantischen Bern nicht mehr toleriert wurde, und die Bruder Klaus geweihte, 1537 erstmals erwähnte Burgkapelle. Letztere wurde beim Brünigbahnbau 1886 auf die Höhe über dem Tunnel versetzt.

Hotel Restaurant Kaiserstuhl,
www.sinnvollgastro.ch

⏲	6 h 40 min		Flüeli-Ranft	0:00
↔	23 km		Sachseln	0:55 0:55
↗	820 m		Zollhaus	0:50 1:45
↘	540 m		Giswil	0:35 2:20
	schwer		Kaiserstuhl	1:15 3:35
	244 Escholzmatt,		Bürglen	0:15 3:50
	245 T Stans,		Lungern Obsee	1:05 4:55
	254 T Interlaken		Letzi	1:00 5:55
	255 T Sustenpass		Brünigpass	0:45 6:40

BERNER OBERLAND

Weltweit bekannt wurde das Berner Oberland mit seinen Anziehungspunkten Eiger, Mönch und Jungfrau und deren eindrücklich vergletscherten Nordflanken. Sie verhalfen dem Oberland zur besten touristischen Erschliessung der Schweiz unter anderem mit dem pionierhaften Ausbau des Jungfraujochs zur höchsten Bahnstation Europas. Trotzdem konnten sich die weltoffenen Zentren Grindelwald und Gstaad ihren heimeligen Charakter mit den vielen mit Holzschnitzereien geschmückten Holzchalets erhalten.

Ausgehend vom zentralen Thuner- und Brienzersee mit ihren historischen Schlössern verzweigen sich viele unterschiedliche Täler in Richtung Süden bis zu den höchsten Bergen. Der Wechsel von den sanften Hügellandschaften des Simmentals zu den steil abfallenden Flanken im Lauterbrunnental bietet auf engstem

Raum eine unvergleichliche topografische Abwechslung für Wandernde. Man teilt sich die Naturschönheiten entweder mit Massen von Touristinnen und Touristen – auf der Kleinen Scheidegg – oder nur mit den Gemsen – am Grossen Lohner. In Gstaad trifft sich die ganze Welt auf der Parfümmeile, während man sich die Bahnen in Adelboden eher mit Schweizer Familien teilt.

Einige der höchsten Wasserfalle der Schweiz stürzen sich hier im Oberland über steile Flanken, während in den Voralpenhügeln das Wasser den Boden moorig feucht hält. Viele felsige Passübergänge führen die Wandernden nahe an eine beeindruckende Gletscherwelt, und auf bekannten Hütten kommt man mit Alpinistinnen und Alpinisten ins Gespräch. Erstaunlich ist, wie viele Alpen unweit der Touristenzentren die traditionellen Werte erhalten konnten.

Das Berner Oberland bietet so viele Ausflugs- und Wandermöglichkeiten, dass dazu ein Leben kaum ausreicht. Auch das kulinarische und kulturelle Angebot ist enorm vielfältig. Vom Beachvolleyball-Turnier bis zum Jodelfest reicht die Auswahl. Die gemütliche, trockene, aber aufgeschlossene Art der Berner Oberländer Bevölkerung ermöglicht viele bereichernde Begegnungen. Eine Wanderung im Oberland bietet Erlebnis, Abwechslung und Erholung pur.

4.09 Brünigpass–Interlaken

Das Haslital, der Brienzersee und ein grossartiges Alpenpanorama

Blick vom Brünig ins Haslital und zu den Engelhörnern

Vom Brünigpass aus zeigt sich ein grandioses Bergpanorama mit den hohen Gipfeln des Berner Oberlandes und ewigem Schnee. Der Abstieg von der Passhöhe in Richtung Haslital und Brienzersee führt zuerst durch Wiesen und Alpweiden und dann von Brääch bis Halte durch einen idyllischen Bergwald. Der nun folgende, oberhalb des Brienzersees am rechten Talhang verlaufende Weg bis nach Interlaken bietet ein Landschaftserlebnis von aussergewöhnlicher Schönheit. Eine Variante dieser Etappe führt von Kienholz aus dem linken Brienzerseeufer entlang über Giessbach und Böningen. Sie ist schattiger und bei grosser Hitze angenehmer, ausserdem dient sie als Ausweichroute, wenn der Hauptweg rechts des Brienzersees gesperrt ist (bei Lawinengefahr, Holzschlag oder Murgang).

In Interlaken begann unter den Zähringern (1133) der Aufstieg des Augustinerklosters. An einem wichtigen Handelspunkt gelegen, entwickelte es sich zum mächtigsten und reichsten Gotteshaus des Aaregebietes. Im Besitz des Klosters war auch die ehemalige Wasserburg und heutige Ruine Weissenau. Die Burg verfüg-

te über einen befestigten Hafen, eine Sust und eine kleine Siedlung als Umschlagplatz. Sie kontrollierte die wichtigsten Verkehrsstrassen.

Im 13. Jahrhundert erweiterte man das Chorherrenstift zu einem Doppelkloster. Das führte jedoch zu Klagen und Konflikten, in deren Folge das Frauenkloster 1484 unter anderem «wegen Unordnung und Sittenlosigkeit» aufgehoben wurde. Mit der Reformation 1538 kam auch das Ende des Männerklosters. Die angesammelten Güter wurden dem Staat Bern übergeben, und die Gebäude dienen seither als Amtssitz des Bezirks Interlaken.

Kirche Ringgenberg (1671)

Ballenberg, Freilichtmuseum der Schweiz, www.ballenberg.ch

8 h 15 min	Brünigpass		0:00
30 km	Brienzwiler	1:20	1:20
860 m	Brienz	1:30	2:50
1300 m	Oberried	1:55	4:45
schwer	Ringgenberg	2:00	6:45
254 Interlaken	Interlaken	1:30	8:15

Zum heiligen Beatus

Am Weg von Interlaken nach Spiez liegen die Beatushöhlen, einstiger Wallfahrtsort des heiligen Beatus. Sie waren im Mittelalter nicht nur Etappenhalt am Weg nach Santiago de Compostela, sondern auch ein eigener Wallfahrtsort von regionaler Ausstrahlung, ausgestattet mit Kirche und Pilgerherberge. Gemäss Legende soll der heilige Beatus, ursprünglich ein Engländer, in Rom von Petrus den Auftrag erhalten haben, im Gebiet der heutigen Schweiz den christlichen Glauben zu verkünden, und dann nach Helvetien gekommen sein. Im 1. Jahrhundert n. Chr. wohnte in einer der Höhlen am Thunersee ein fürchterlicher Drache, der das Land unsicher machte. Beatus verbannte das feuerspeiende Ungeheuer mit erhobenem Kreuz und unter Anrufung der Heiligen Dreieinigkeit für alle Zeiten, dann liess er sich selbst in der Höhle nieder.

Der Wallfahrtsort war schlecht zugänglich und der in die stellenweise steil abfallenden Felswände eingehauene Pilgerweg jahrhundertelang die einzige Verbindung zwischen Interlaken und den Siedlungen am rechten Ufer des Thunersees. Die Priester von St. Beaten hatten sich neben der Kirche auch um zwei in der Nähe liegende Brücken zu kümmern. Heute sind die Beatushöhlen eine vielbesuchte Touristenattraktion. Neben der Beatuslegende faszinieren im Besonderen die umgeben-

Eingang zu den
Beatushöhlen

de Landschaft und das weitverzweigte Höhlensystem mit Tropfsteinen, Wasserfällen und unterirdischen Seen.

Der Wanderweg von den Beatushöhlen zur Beatenbucht bietet eine wunderschöne Aussicht auf den Thunersee und die Berner Alpen. Die Instandstellung dieses Weges in den 1930er Jahren ist das Resultat einer Initiative von Landschaftsschutz- und Wanderkreisen.

St. Beatus-Höhlen,
www.beatushoehlen.swiss

Blick von der Kirche Merligen
auf Thunersee und Niesen

⏱ 3 h 45 min	Interlaken		0:00
↔ 13 km	Neuhaus	1:00	1:00
↗ 420 m	Beatushöhlen	1:10	2:10
↘ 440 m	Merligen	1:35	3:45
mittel	Schiffsstation Spiez		
254 T Interlaken, 253 T Gantrisch			

4.11 Spiez–Wattenwil

Vom Thunersee ins Gürbetal

Aussicht vom Strättlighügel
auf den Thunersee

Von Spiez nach Wattenwil führt die Wanderung in beschaulicher Landschaft, mit der Stockhornkette im Hintergrund, an mehreren Seen vorbei. Besonders lohnt sich der Besuch der Kirche Amsoldingen mit ihrer eindrücklichen Krypta.

Die Wallfahrtskirche St. Michael in Einigen war gemäss Legende die Mutterkirche der zwölf von König Rudolf II. vor über 1000 Jahren gestifteten «Thunersee-Kirchen» (Frutigen, Leissigen, Aeschi, Wimmis, Uttigen, Thierachern, Scherzligen, Thun, Hilterfingen, Sigriswil, Amsoldingen und Spiez). Die Wallfahrt hierher war beträchtlich.

Die Entwicklung Amsoldingens war im Mittelalter ganz vom Chorherrenstift bestimmt. Ein erster Vorgängerbau der Stiftskirche ist bereits um 700 errichtet worden. Die aus dem 10. Jahrhundert stammende Propsteikirche St. Mauritius ist die grösste ottonische Basilika der Gegend und eines der ältesten Bauwerke des Kantons Bern. Es handelt sich um eine typische Pfeilerbasilika mit drei Apsiden und einer Hallenkrypta. Beim Bau der Stiftskirche wurden Spolien aus den Ruinen von Avenches verwendet. Die nördliche Wandstütze war ursprünglich ein Meilenstein, der 7 Leugen (ca. 16 km) entfernt von Aventicum an einer Römerstrasse stand, und die beiden westlichen freistehenden Stützen bestehen je aus einem ganzen und einem halben römischen Grabaltar mit Inschrift. Die Krypta wurde 1978–1980 restauriert. Sie entspricht dem Zustand um 1210 nach der Erneuerung der Gewölbe mit römischen Spolien

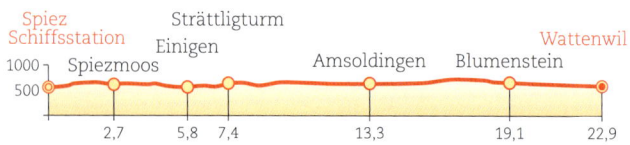

als Stützen. Der gut erhaltene Hauptbau der Kirche ist in eine eindrückliche Baugruppe mit Schloss, Ökonomiebauten, Mühle, Pfarrhaus, Stöckli und Waschhaus integriert. Der historische Verkehrsweg führt unter der Holzpasserelle zwischen Pfarrhaus und Stöckli durch.

In Wattenwil sind Kirche und Pfarrhaus sehenswert. Der barocke Taufstein stammt wahrscheinlich aus einem Vorgängerbau der Kirche von 1683, ebenso wie zwei Glocken, die in den Jahren 1404 und 1509 gegossen wurden. Eine aussergewöhnliche Geschichte hat der Kirchturm: Bis zum Ende des 17. Jahrhunderts stand er in Seelhofen bei Kehrsatz.

Schlossmuseum Schloss Spiez,
www.schloss-spiez.ch

Reformierte Kirche
Amsoldingen (um 1000)

6 h	Schiffsstation Spiez	0:00	
23 km	Spiezmoos	0:45 0:45	
560 m	Einigen	0:45 1:30	
520 m	Strättligturm	0:30 2:00	
schwer	Amsoldingen	1:30 3:30	
253 T Gantrisch	Blumenstein	1:30 5:00	
	Wattenwil	1:00 6:00	

MITTELLAND

Wanderungen im Mittelland sind Genusstouren. Durch die geringen Höhenunterschiede entfallen anstrengende Auf- und Abstiege, die abwechslungsreiche Landschaft steht im Vordergrund.

In ihrem Charakter unterschiedliche Regionen sorgen für eine grosse Vielfalt an Natur und Kultur. Da stehen Burgen und Schlösser auf engem Raum beieinander, beeindrucken historische Gebäude und alte Kulturlandschaften. Bäche und Flüsse, allen voran die Aare, fliessen dem Rhein entgegen. An den Flussufern finden sich erfrischende Bade- und viele Spielmöglichkeiten, gleichzeitig zeugen Industriebauten von der Bedeutung des Wassers. Den perfekten Überblick auf das «Wasserschloss der Schweiz», den Zusammenfluss von Aare, Limmat und Reuss, geniesst man vom Gebenstorfer Horn bei Brugg.

Im Süden, gegen die Alpen zu, steht die Gantrischkette, haben sich im Schwarzenburgerland die wildromantischen Schluchten der Sense und des Schwarzwassers ihre Ursprünglichkeit bewahrt. Sanfte Hügel senken sich von diesen voralpinen Landstrichen in die Ebenen des Laupenamtes und Seelandes. Wandern heisst hier auch eintauchen in die Geschichte: In Murten spaziert man über eine begehbare Ringmauer, und im Amphitheater von Avenches kämpften einst römische Gladiatoren. Typische Landschaftselemente des Dreiseenlandes sind Gemüsefelder, Rebhänge und natürlich Bieler-, Murten- und Neuenburgersee. Wandern und Schifffahren sind hier eine gelungene Kombination, französische Lebensart geniesst man in den Strassencafés der zweisprachigen Uhrenmetropole Biel. Zur Zeit der Traubenernte finden am Bielersee Winzerfeste statt, und auf der St. Petersinsel erlebte schon vor über 200 Jahren Jean-Jacques Rousseau glückliche Wochen. Auch kulinarisch wird einiges geboten im Mittelland. In der Schaukäserei Affoltern erfährt man, wie die Löcher in den berühmten Emmentaler Käse kommen, und im Gürbetal, dem Chabisland der Schweiz, stellen Besucher beim «Suurchabis-Imachtag» ihr eigenes Sauerkraut her.

Wanderungen im dicht besiedelten Mittelland lassen sich auch mit interessanten Stadtbesichtigungen verbinden. In der Barockstadt Solothurn steht die mächtige St.-Ursen-Kathedrale, lebendige Kleinstädte wie Baden oder der Eisenbahnknotenpunkt Olten laden ein zu vielfältigen Entdeckungen. Und in der Hauptstadt Bern staunt man im Einsteinmuseum über Raum und Zeit. Die Berner Altstadt steht auf der Liste des Unesco-Weltkulturerbes, und schon Albert Einstein, fürwahr ein kluger Kopf, fand sie «reizend, altertümlich und urgemütlich».

Klöster und Ruinen im Schwarzenburgerland und Gantrischgebiet

Von Wattenwil aus steigt der Weg nach Burgistein an. Das Schloss Burgistein, landschaftlich grossartig gelegen, wurde nach der Zerstörung im Laupenkrieg 1336 wiederaufgebaut. Die Pfarrkirche Riggisberg hat einen romanischen Chorturm aus der zweiten Hälfte des 12. Jahrhunderts. Das Kloster Rüeggisberg, an herrlicher Aussichtslage, ist eindeutig der Höhepunkt der Etappe. Der erste Bau der teilweise noch erhaltenen, ursprünglich dem heiligen Martin geweihten Klosterkirche war frühromanisch (10./11. Jahrhundert). Nach der Reformation diente der Bau als Kornhaus.

Der 1533 erwähnte Weg Rüeggisberg-Helgisried besticht durch traditionelle Wegsubstanz. Erhalten sind ein von Hecken begleiteter Hohlwegbogen und eine alte, aus Findlingen errichtete Trockenmauer.

Von Bedeutung an der Route nach Schwarzenburg ist auch die weit sichtbar auf einer Sandsteinrippe thronende Kirche Wahlern. Sie war Maria Magdalena und Jakobus geweiht. Die reformierte Kirche in Schwarzenburg war die Frühmesskapelle St. Maria Magdalena. Das im frühen 11. Jahrhundert zum ersten Mal erwähnte Dorf Schwarzenburg war vielleicht schon früh Gerichtsort. Damals fanden bereits regelmässig Märkte statt, und im Lauf des Spätmittelalters entwickelte es sich zum wirtschaftlichen Zentrum der Herrschaft.

Seit dem Hochmittelalter wurde das Schwarzenburgerland von der

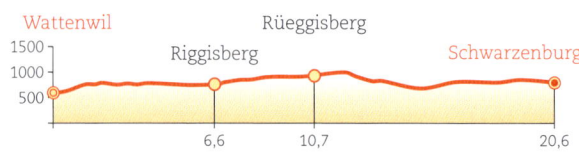

Klosterruine
Rüeggisberg
(11. Jahrhundert)

Grasburg dominiert. Nördlich von Schwarzenburg über der tief eingeschnittenen Sense gelegen, kontrollierte sie zusammen mit der Burg Schönfels die Senseübergänge in der näheren Umgebung. Um 1575 löste das Schloss Schwarzenburg, das heutige Amtshaus, die Grasburg als Herrschaftssitz der Berner und Freiburger Landvögte ab. Es wurde teilweise aus den Trümmern der Burg errichtet.

Abegg-Stiftung für Textilkunst,
www.abegg-stiftung.ch

«Chäppeli», Dorfkapelle
in Schwarzenburg (1463)

⏱ 5 h 50 min	Wattenwil		0:00	
↔ 21 km	Riggisberg	0:55	0:55	
↗ 700 m	Rüeggisberg	1:40	2:35	
↘ 500 m	Schwarzenburg	3:15	5:50	
schwer				
243 T Bern, 253 T Gantrisch				

Zu den schönsten historischen Wegobjekten

«Torenöli», Abschnitt des mittelalterlichen Sense-Überganges, Berner Seite

Der Weg führt durch den Sensegraben, ein äusserst beliebtes Naherholungs- und Naturschutzgebiet. Die topografisch anspruchsvolle Flussquerung hat hier aber auch zu einer Häufung von bedeutenden historischen Wegobjekten geführt. Besonders erwähnenswert sind der gepfläs-terte Wegabschnitt Torenöli und die Sodbachbrücke.

Die zahlreich auftretenden sakralen Wegbegleiter machen deutlich, dass man die Grenze zum katholischen Kanton Fribourg überschritten hat. In St. Antoni befindet sich eine dem heiligen Antonius geweihte Kirche. Die Kirche St. Martin in Tafers, 1148 erstmals erwähnt, war die «Mutterkirche der Region». Der heutige Bau der St.-Jakobus-Kapelle neben der Kirche stammt aus dem Jahr 1769. Die Kapelle entstand vermutlich im Zusammenhang mit der Jakobsbruderschaft, die von 1620 bis in die Mitte des 19. Jahrhunderts in Tafers ansässig war. An der Aussenwand sind Jakobus der Ältere und Johannes und darüber in acht Bildern das Hühnerwunder dargestellt. Im Innern der Jakobuskapelle steht ein hübscher, vollständig erhaltener frühbarocker Altar von Hans-Franz Reyff. Links und rechts der Statue des heiligen Jakobus stehen die Apostel Petrus und Johannes.

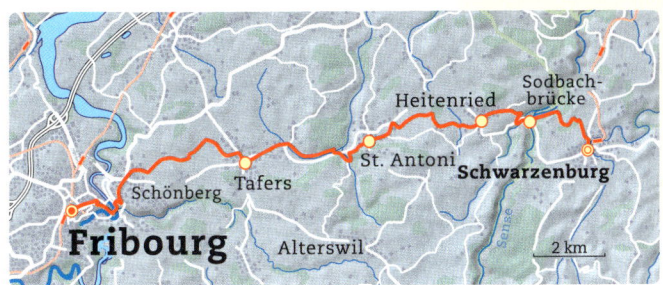

Die Stadt Fribourg liegt auf einem schmalen Felssporn über dem Tal der Saane. Sie besitzt eine der am besten erhaltenen historischen Altstädte der Schweiz. Im 12. Jahrhundert von den Zähringern gegründet, fällt hier, wie im ganzen Kanton Fribourg, die relative Häufigkeit von historischen Bezügen zu Jakobus und zur Jakobspilgerei auf.

Die zahlreichen Brücken prägen als wichtige Baudenkmäler unterschiedlicher Epochen das Bild von Fribourg. Im Stadtgebiet befinden sich elf mittelalterliche Brunnen. Auf der Säule des St.-Anna-Brunnens ist neben vier musizierenden Engeln auch ein Jakobspilger dargestellt. Das Gasthaus Engel (Hotel de l'Ange) ist eine traditionelle Pilgerherberge. Es steht bei der Bernbrücke, der letzten gedeckten Brücke Fribourgs.

Sensler Museum Tafers,
www.senslermuseum.ch

Jakobskapelle mit Hühnerwunder (1769) in Tafers

⏱	5 h 15 min
↔	20 km
↗	400 m
↘	560 m
	schwer
🗺	242 T Avenches, 243 T Bern

Schwarzenburg		0:00	
Sodbachbrücke	0:45	0:45	
Heitenried	0:40	1:25	
St. Antoni	0:50	2:15	
Tafers	1:05	3:20	
Fribourg	1:55	5:15	

FRIBOURGERLAND

Weite Horizonte im Norden und saftig grüne Alpen im Süden, flach und gebirgig, modern und traditionell, deutsch und welsch, so präsentiert sich das gastfreundliche Fribourgerland, das sich zwischen Bern und der Waadt, dem Neuenburgersee und dem Jaunpass ausbreitet. Französisch wird im Kanton wie in der Stadt Fribourg von zwei Dritteln der Bevölkerung gesprochen, Deutsch von einem Drittel. In Murten ist es umgekehrt. Die Sprachgrenze verläuft gemäss jahrhundertealten Grenzen quer durch den Kanton. Weit komplizierter als die Sprachgrenze ist die Fribourger Kantonsgrenze im Broyeland. Hier sorgt ein Mosaik von Enklaven und Exklaven zwischen den Kantonen Fribourg, Waadt und Bern für äusserst unübersichtliche Verhältnisse.

Zwei Landschaftstypen prägen den Kanton Fribourg: das flach gewellte Mittelland im Nordwesten und die

Hügel und Bergketten der Voralpen im Südosten. Gonzague de Reynold (1880–1970), der im Schloss Cressier bei Murten aufgewachsen war, verglich das Fribourgerland mit den Linien und Noten eines mittelalterlichen Kirchengesangbuchs: zuerst die blaue Linie der Seen, dann die Hügel- und Tallandschaften des Mittellandes, die dunklen Wälder der Voralpen und zuoberst die hohen Gipfel am Horizont. Und alle diese Landschaften eignen sich bestens für Wanderungen, beispielsweise vom lieblichen Murtensee zum Mont Vully, den Schiffenen- oder den Greyerzersee entlang, durch den Canyon der Saane, das Tal der ungezähmten Sense oder die Schlucht der Galtera bei Fribourg, über den aussichtsreichen Mont Gibloux oder auf die Berra mit ihrem fantastischen Ausblick auf das Mittelland. Und erst die unzähligen Tourenmöglichkeiten am Schwarzsee und im Greyerzerland mit dem Moléson als Höhepunkt!

Die meisten Wanderungen im Fribourgerland können mit einem kulturhistorischen Highlight verbunden werden, angefangen bei der Stadt Fribourg mit ihrer intakten mittelalterlichen Altstadt, der gotischen St.-Niklaus-Kathedrale, dem Rathaus, den spätgotischen Häuserzeilen im Burg- und im Auequartier, den historischen Brücken über die Saane und den alten Klöstern und Herrschaftshäusern vor der Stadt. Auch Murten bietet eine intakte Altstadt mit einer vollständig erhaltenen Ringmauer, die um 1900 nur dank der schlechten Finanzlage der Stadt nicht abgebrochen wurde. Als beliebteste Touristenattraktion des Kantons gilt das pittoreske Städtchen Greyerz mit seinem mächtigen Schloss, das auf einem Felssporn thront und die Ebene von Bulle und den Greyerzersee überblickt. Besuchenswert sind aber auch die anderen mittelalterlichen Städte: Bulle, Estavayer-le-Lac am Neuenburgersee und Rue, die kleinste Stadt der Schweiz.

Unterwegs nach Westen in die Stadt der Savoyer

Zisterzienserinnen-Abtei La Fille-Dieu (14. Jahrhundert) in Chavannes-sous-Romont

Der Weg von Fribourg nach Romont, dem schon immer die meisten Pilgernden folgten, führt über die Brücke St.-Apolline. Eine Brücke ist seit 1243 bezeugt und hatte noch im Mittelalter mehrere Nachfolgerinnen. Neben dem Übergang steht die Kapelle St.-Apolline aus dem 16. Jahrhundert. Ihr Vorgängerbau ist bereits in einer Urkunde von 1147 erwähnt.

Die Kapelle von Posat wurde 1680 geweiht. Dem Quellwasser des Ortes wurde wunderbare Heilkraft zugeschrieben, was viele Wallfahrende anzog. Nahe der Glâneschlucht war hier vom 12. bis ins 16. Jahrhundert ein Prämonstratenserkloster in Betrieb. 1580 wurde es aufgelöst. In Chavannes-sous-Orsonnens steht eine Johannes dem Täufer geweihte Kapelle, wahrscheinlich aus dem 16. Jahrhundert. Der linke Altaraufsatz zeigt Jakobus als Pilger und Apostel (mit Buch als Insignie). Auf dem absteigenden Weg zur Abtei La Fille-Dieu in Chavannes-sous-Romont öffnet sich nach einer Weile die Sicht auf den Hügel mit dem Städtchen Romont.

Die Geschichte von Romont beginnt mit dem um 1240 von Peter II. von Savoyen erbauten Schloss. Darstellungen des heiligen Jakobus finden sich in der 1296 geweihten Stiftskirche Maria Himmelfahrt.

Heute gilt Romont als Zentrum der Glasmalerei in der Schweiz. Ein mittelalterlicher Brauch hat sich erhal-

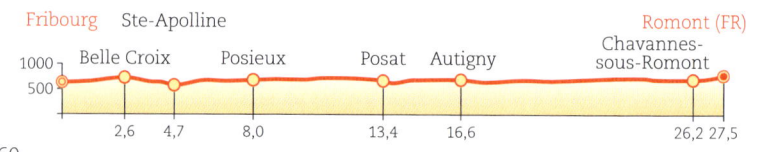

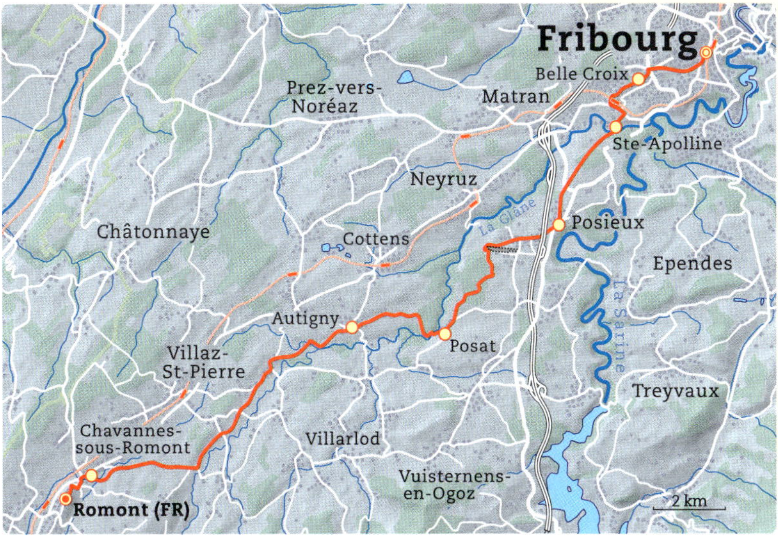

Brücke und Kapelle (1566)
Ste-Apolline

ten: Jeweils am Karfreitag ziehen nach dem Gottesdienst in einer Prozession schwarz verhüllte Klageweiber, die «pleureuses», singend und betend durch den Ort, wobei sie den Leidensweg Christi nachvollziehen.

Glasmuseum Romont, Vitromusée au Château, www.vitromusee.ch

🕐	7 h	
↔	27 km	
↗	620 m	
↘	460 m	
	schwer	
🗺	242 T Avenches, 252 T Bulle	

Fribourg		0:00	
Belle Croix	0:40	0:40	
St-Apolline	0:30	1:10	
Posieux	1:05	2:15	
Posat	1:20	3:35	
Autigny	1:00	4:35	
Chavannes-sous-Romont	0:45	5:20	
Romont	1:40	7:00	

Vom Kanton Fribourg ins Waadtländer Mittelland

Die 1296 geweihte Stiftskirche Maria Himmelfahrt im Romont ist der ideale Beginn eines Wandertages für Jakobspilger. Der heilige Jakobus ist am Chorgestühl von 1468/69 und zusammen mit Andreas in einem Glasfenster von 1938 dargestellt.

Die ViaJacobi verlässt Romont in südwestlicher Richtung. Man überquert das moderne Glaneybrücklein und trifft danach auf ein «Unserer Lieben Frau der Armen» geweihtes neuzeitliches Bethäuschen. Das folgende, sehr alte Wegstück besteht aus einem für die traditionelle Landschaft typischen Hohlweg. Die Mitglieder der Familie Billens traten bereits im 12. Jahrhundert als herrschaftliche Vasallen von Lausanne auf, weshalb auch die Pfarrkirche Billens aus dieser Zeit stammen dürfte. Die Kapelle von Hennens entstand 1653.

Die Kantonsgrenze zwischen Fribourg und Waadt wird auf einem Kretenweg überschritten, der beidseits eine weite Aussicht bis nach Curtilles bietet. Curtilles war schon

Kirche Notre-Dame von Curtilles (1231)

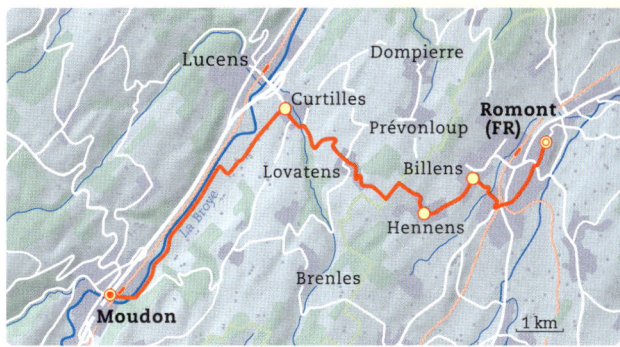

in der Römerzeit bewohntes Gebiet. Seine Peterskirche gilt als eine der ältesten im Bistum Lausanne. Den Fluss Broye entlang führt danach ein Uferweg bis nach Moudon, unter der Bezeichnung «Minnodunum» ebenfalls bereits in römischer Zeit als Etappenort an einem Verkehrsweg bekannt. Die Siedlung Moudon liegt beidseits der Broye. In der Ville Basse steht die schöne, gotische St.-Etienne-Kirche, deren Besuch sich besonders lohnt, um das hölzerne Chorgestühl zu betrachten, auf dem unter den Aposteln auch Jakobus zu finden ist. Die Altstadt (Ville Haute) beeindruckt durch ihre grosse historische Substanz mit den Schlössern Carrouge und Rochefort.

Broye-Kanal
nach Pré-Cerjat

Museum Moudon, Musée du Vieux-Moudon,
www.vieux-moudon.ch

⏱ 3 h 35 min	Romont		0:00
↔ 15 km	Billens	0:45	0:45
↗ 170 m	Hennens	0:20	1:05
↘ 440 m	Curtilles	1:10	2:15
mittel	Moudon	1:20	3:35
252 T Bulle			

WAADT

«Wir setzten uns vor der kühlen Luft in Schutz hinter Felsen, liessen uns von der Sonne bescheinen, das Essen und Trinken schmeckte trefflich. Wir sahen dem Nebel zu, der sich nach und nach verzog, jeder entdeckte etwas, oder glaubte etwas zu entdecken. Wir sahen nach und nach Lausanne mit allen Gartenhäusern umher, Vevey und das Schloss von Chillon ganz deutlich, das Gebirg, das uns den Eingang vom Wallis verdeckte, bis in den See ...» Schon Johann Wolfgang von Goethe war von der Aussicht über den Genfersee begeistert, als er im Jahr 1779 während seiner Schweizer Reise auf den Gipfel der Dôle stieg.

Das Genferseegebiet ist eine landschaftlich abwechslungsreiche Region. Seen mit palmengesäumten Ufern kontrastieren mit schneebedeckten Bergen und ursprünglichen Wäldern.

Eine Zeitreise ist das Eintauchen in die geschichtsträchtigen Städte. Noviodunum, Nyon, besitzt wertvolle Überreste aus der Römerzeit, und in Rolles und Morges stehen Schlösser aus dem 13. bis 15. Jahrhundert. Die alten Römer wussten schon vor Jahrhunderten die Thermalbäder von Yverdon-les-Bains zu schätzen. Rund 50 Museen nehmen ihr Publikum mit auf eine Reise in die Vergangenheit und Gegenwart, vom Olympischen Museum in Lausanne bis zum Uhrenmuseum im Vallée de Joux.

Im Jahr 2007 wurde die herrliche Terrassenlandschaft des Weinbaugebietes Lavaux ins Weltkulturerbe der Unesco aufgenommen. Die Rebwanderwege sind eine Entdeckungsreise durch eine von Menschenhand geschaffene Kulturlandschaft. Heimelige Weinkeller und Restaurants laden zum Degustieren ein, man geniesst örtliche Spezialitäten wie Waadtländer Saucisson, Kohlwurst oder Käsegerichte. Überhaupt, das Wandern: Wo nur beginnen? Die ViaJacobi, die ViaFrancigena, die Via Alpina, der Alpenpanoramaweg, der Jurahöhenweg und der Alpenpässeweg kommen hier vorbei, und auch so manche Highlight-Route verspricht exklusiven Wandergenuss.

Vielleicht beginnt man einfach mit dem Uferweg zwischen Montreux und Vevey auf den Spuren berühmter Gäste. Denn nicht nur Johann Wolfgang von Goethe fühlte sich wohl am Genfersee. Lord Byron inspirierte das Schloss Chillon zu seinem Gedicht «Der Gefangene von Chillon», und an der Seepromenade flanierten unter anderem schon Ernest Hemingway, Rainer Maria Rilke und Leo Tolstoi, Fjodor Dostojewski, Victor Hugo und Sissi, die Kaiserin von Österreich. In Vevey steht die Statue von Charlie Chaplin und in Montreux jene von Freddie Mercury. «This could be heaven», sang er einmal. Da muss er wohl die Genferseeregion gemeint haben …

4.16 Moudon–Lausanne

Durch das Gros de Vaud zum Genfersee

Von Moudon aus geht man die Broye entlang und überquert in Bressonnaz sowohl die Broye als auch den Fluss Carrouge. Der Kretenweg nach Vucherens gibt den Blick frei auf die Freiburger Alpen und das Waldgebiet des Jorat.

Die Kirchen von Syens (Chor aus dem 13. Jahrhundert), Vucherens (1737) und Mézières (1731) bereichern die Wanderung ebenso wie das sogenannte Schloss von Montpreveyres, bei dem es sich eigentlich um eine romanische Kapelle handelt und das wahrscheinlich wie dasjenige von Ste-Catherine du Jorat ursprünglich eine Zwischenstation am Weg von Moudon nach Lausanne war. Die Kapelle St. Laurent in Les Croisettes wurde zwischen 1661 und 1663 gebaut.

Lausanne liegt an den durch mehrere Täler gegliederten Hängen am Nordufer des Genfersees. Der See, von den Römern «lacus lausonnius» genannt, prägt die Geschichte der Stadt von den Anfängen bis in die Gegenwart. Seit dem 1. Jahrhundert n. Chr. entwickelte sich hier, am Umschlagplatz der Waren von den Handels-

Kirche von Vucherens (1737)

schiffen auf Pferdefuhrwerke, der römische «Vicus Lousonna». Auf dem Hügel, wo sich heute die Kathedrale befindet, entstand im 3. Jahrhundert n. Chr. eine kleine Handwerkersiedlung oder ein Refugium.

Im Mittelalter anfangs eher unbedeutend, entwickelte sich Lausanne während des 11. Jahrhunderts zu einem politischen, wirtschaftlichen und religiösen Zentrum. 1385 gab es in der Stadt eine Jakobsbruderschaft der Schnitt- und Kurzwarenhändler. Das waren Personen, die Schneiderartikel und Zubehör zur persönlichen Dekoration verkauften.

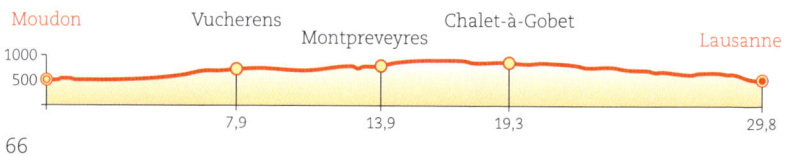

Der Etappenendpunkt liegt bei der Kathedrale Notre-Dame, der ehemaligen Bischofskirche des Bistums Lausanne und heutigen reformierten Hauptkirche von Lausanne. Stilistisch weist sie neben den typischen gotischen auch romanische Elemente auf. Im Innern der Kathedrale befindet sich das Grabmal Ottos I. von Grandson (gestorben 1328). Sein Wappen ist mit drei Jakobsmuscheln geschmückt.

Kantonales Museum für Archäologie und Geschichte, Palais de Rumine, www.mcah.ch

🕐	7 h 50 min	Moudon		0:00	
↔	30 km	Vucherens	2:10	2:10	
↗	760 m	Montpreveyres	1:40	3:50	
↘	740 m	Chalet-à-Gobet	1:20	5:10	
	schwer	Lausanne	2:40	7:50	
📖	251 T La Sarraz, 252 T Bulle, 261 T Lausanne				

Promenieren und Weinwandern am Genfersee

Lausanne Vidy, Überreste der römischen Siedlung

Die ViaJacobi von Lausanne nach Rolle ist zuerst eine Stadtwanderung, dann eine Uferpromenade und schliesslich ein Weinwanderweg. Ausgangspunkt ist die Kathedrale Notre-Dame aus dem 12./13. Jahrhundert, der einstige Bischofssitz. Über die Escaliers du Marché, Spuren der mittelalterlichen Stadt, gelangt man nach Vidy, wo in einem idyllischen Park noch Grundmauern der römischen Siedlung «Lousonna» zu besichtigen sind. Die ViaJacobi führt vorbei an dieser Ruinenlandschaft und danach zur beliebten Uferpromenade am Genfersee.

In St-Sulpice trifft man auf Bauten des Cluniazenserpriorats aus dem 11. Jahrhundert. Im 15. Jahrhundert wurde das Kloster wieder aufgehoben. Von der ehemaligen Prioratskirche ist das romanische Querschiff mit dem burgundischen Vierungsturm aus dem 12. Jahrhundert erhalten. Die ViaJacobi führt weiterhin direkt am Seeufer entlang und öffnet sich in Morges zu einem mit Alleen und Blumen geschmückten breiten Spazierweg. Die Burg von Morges aus dem 13. Jahrhundert beherbergt heute das waadtländische Militärmuseum. «Laissons dire et faisons bien», steht bei der Uhr des Stadttores von

Kirche Sainte-Marie-Madeleine in St-Sulpice, ehemalige Prioratskirche (12. Jahrhundert)

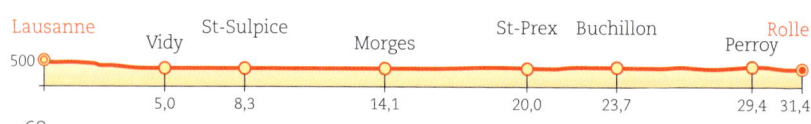

Schloss Rolle (15.–16. Jahrhundert), Holzbrücke mit Turm von 1455

Sowohl in Allaman als auch in Rolle finden sich weitere spätmittelalterliche Schlösser. Prägend für diesen letzten Teil der Etappe ist jedoch der Wein. Die Wanderung durch die Rebberge, durch das Weinbaudorf Perroy, die Aussicht auf den See, all das beglückt und befreit von der teilweise eher bedrohlichen Ausstrahlung der herrschaftlichen savoyardischen Burgen und Schlösser.

St-Prex von 1234, dem einzigen übriggebliebenen in der Waadt, das nicht in einen Kirchturm eingebaut ist.

Schloss Morges, Waadtländer Militärmuseum, Musée militaire vaudois, www.chateau-morges.ch

7 h 45 min	Lausanne		0:00
31 km	Vidy	1:15	1:15
300 m	St-Sulpice	0:45	2:00
440 m	Morges	1:25	3:25
schwer	St-Prex	1:25	4:50
261 T Lausanne	Buchillon	0:55	5:45
	Perroy	1:30	7:15
	Rolle	0:30	7:45

GENF UND REGION

Welch herrliche Lage! Genf liegt zwischen Alpen und Jura eingebettet am westlichen Zipfel Helvetiens, dort wo die Rhone aus dem Genfersee fliesst. Zu Fuss durch Genf, da kommt man ins Staunen und Schwärmen. Doch wo beginnen? Vielleicht am rechten Seeufer, wo sich Hotels und viele Restaurants befinden und der Jet d'eau die Besuchenden anzieht. Die 140 Meter hohe Wasserfontäne ist das Wahrzeichen der Stadt; mit einer Geschwindigkeit von 200 Stundenkilometern schiessen pro Sekunde 500 Liter Wasser empor. Das ist beeindruckend, ebenso eine Bootsfahrt vorbei an den Pierres du Niton, Basis der Schweizerischen Landesvermessung. Rund um das Seebecken wandert man von Park zu Park, von Villa zu Villa, aber auch von Bad zu Bad. Wie wäre es mit einem Sprung ins Genève Plage oder ins Bain des Pâquis am Quai du Mont-Blanc, nahe der Stelle, wo am

10. September 1898 die österreichische Kaiserin Sissi erstochen wurde, just in dem Moment, als sie ein Schiff besteigen wollte?

Genf ist nicht nur Sitz internationaler Organisationen wie UNO, WHO oder Rotes Kreuz, sondern auch eine Stadt der Künste und Kultur. Zahlreiche Museen, das Grand Théâtre oder das Orchestre de la Suisse Romande laden zu Besuchen ein. Auf geführten Stadtwanderungen taucht man ein in die Altstadt, die über dem linken Seeufer thront. Vom Turm der Kathedrale St-Pierre bietet sich ein herrlicher Blick über Stadt und See, der Place du Bourg-de-Four gilt als ältester Platz der Stadt, und eine der am besten erhaltenen Strassen ist die Grand-Rue, wo im Haus Nr. 40 Jean-Jacques Rousseau geboren wurde. Dieser sitzt, als Denkmal verewigt, auf der Ile Rousseau, das Buch auf dem Knie und den Stift in der Hand.

«Retour à la nature», forderte der freiheitliche Denker auf. Also nichts wie hinaus aus der Stadt. Die Parks La Grange, Eaux-Vives und Mon-Repos sind grüne Lungen, und dann gibt es natürlich noch das ländliche Genf. Da streift man durchs Naturschutzgebiet am Fluss Allondon entlang, wandert zu Bauernhöfen und degustiert in den Winzerdörfern der Weingegend Satigny einen guten Tropfen. Auf den Salève, den Genfer Hausberg im Nachbarland Frankreich, schwebt eine Seilbahn hinauf. Grossartig ist die Aussicht auf Genf, Genfersee, Jura und Alpenkette mitsamt Montblanc. Der höchste Berg der Alpen war die Sehnsucht eines anderen berühmten Sohnes der Stadt: Horace Bénédict de Saussure setzte im Jahre 1760 eine Belohnung für die erste Besteigung des Montblanc aus. Nachdem er selbst auf dem Gipfel stand (allerdings nicht als Erster), veröffentlichte er sein Werk «Voyages dans les Alpes». Diese «Reisen durch die Alpen» beginnen mit einer Liebeserklärung an Genf und sind noch heute eine Einladung zum Besuch der Region.

4.18 Rolle–Coppet

Von Schloss zu Schloss zu Madame de Staël

Die Wanderung führt auf den Hängen oberhalb des Seeufers durch Weinberge, Wälder, Wiesen und Dörfer. Immer wieder öffnet sich der Blick auf See und Alpen. Wer hier in früheren Zeiten den Genfersee entlangpilgerte, traf in regelmässigen Abständen auf Spitäler, Leprosenhäuser, Galgen und Herbergen, aber auch auf herrschaftliche Burgen, Landsitze und Schlösser. Erhalten geblieben sind die Schlösser in Rolle, Bursinel, Dully, Prangins, Nyon, Crans-près-Céligny und Coppet. Der Reichtum der Natur am Genfersee hat zu allen Zeiten Menschen mit materiellem Reichtum angelockt.

Schloss Prangins (1732), Westschweizer Sitz der Schweizerischen Landesmuseen

Es sind vor allem zwei historische Persönlichkeiten, die mehr als nur die Region geprägt haben. Nach der Schlacht bei Bibracte schickte Julius Cäsar die Helvetier zurück in ihre Heimat und gründete um 45 v. Chr. Nyon als römische Kolonie mit dem Namen «Colonia Iulia Equestris». Zur Zeit der Burgunderinvasionen im 5. Jahrhundert wurde Nyon zerstört. Unter den Herren von Prangins erfolgte im 11. bis 12. Jahrhundert der allmähliche Wiederaufbau. Das Schloss von Prangins, 1732 bis 1739 auf der Fläche eines mittelalterlichen Herrensitzes errichtet, ist heute eine Aussenstelle des Schweizerischen Landesmuseums.

Das Schloss Coppet, 1770 am Standort einer mittelalterlichen Burg gebaut, ist heute noch mit Originalmobiliar aus dem 18. und 19. Jahrhundert ausgestattet und zeitweise für Besichtigungen offen. 1784 wurde es der Wohnsitz des Genfer Bankiers

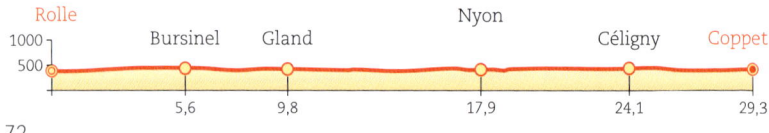

Jacques Necker, des Vaters von Madame de Staël. Die Schriftstellerin Anne Louise Germaine Necker, Baronne de Staël-Holstein, genannt Madame de Staël, machte das Schloss Coppet im 19. Jahrhundert zu einem freigeistigen Treffpunkt. Künstler, Literaten, Historiker und Politiker pilgerten aus ganz Europa hierher, um zu diskutieren und ihre Gedanken auszutauschen. Chateaubriand schrieb einst an Madame de Staël: «Wenn ich wie Sie ein schönes Schloss am Ufer des Genfersees hätte, würde ich es nie verlassen.»

Schloss Coppet,
www.chateaudecoppet.com

🕐	7 h 10 min	Rolle	0:00
↔	29 km	Bursinel	1:20 1:20
↗	400 m	Gland	1:05 2:25
↘	360 m	Nyon	2:00 4:25
	schwer	Céligny	1:30 5:55
🗺	260 T St-Cergue, 261 T Lausanne, 270 T Genève	Coppet	1:15 7:10

Ins «protestantische Rom» pilgern

St. Christophoruskirche
in Commugny, erbaut
auf einer römischen Villa

Unterwegs von Coppet nach Genf wird mehr und mehr der französische Einfluss spürbar. Die ViaJacobi führt grösstenteils die Hänge entlang, wo auch die meisten Siedlungen liegen. So wird die stark befahrene Seeuferstrasse gemieden.

Bemerkenswert sind das aus der Mitte des 18. Jahrhunderts stammende Landhaus in Malagny mit seiner barocken Parkanlage, die 1901 errichtete und durch den Heimatstil geprägte Chapelle des Cornillons in Chambésy und die katholische Kirche St-Pétronide von 1863 in Pregny, Nachfolgerin einer Kirche aus dem Mittelalter am selben Standort.

In Genf gelangt man auf der ViaJacobi zunächst zur beim Bahnhof gelegenen Kirche Notre-Dame. Sie wurde 1852 bis 1859 errichtet und ist damit die erste nach der Reformation neugebaute katholische Kirche der Stadt. Etappenendpunkt ist die Kathedrale St-Pierre auf dem Altstadthügel. Sie ruht auf römischen Fundamenten. Bis zur Reformation diente sie als katholische Bischofskirche. Auf einem prunkvollen Glasfenster aus dem 15. Jahrhundert ist Jakobus in einer ausserordentlichen Aufmachung dargestellt: Neben Muschel und Stab trägt der Pilgerpatron einen königlichen Purpurmantel mit Hermelinbesatz, ein Zeichen grosser Hochachtung dem Heiligen gegenüber. Eine weitere Jakobsfigur findet sich im hölzernen Chorgestühl.

Ab dem 4. Jahrhundert war Genf Bischofsstadt, in der die Kleriker

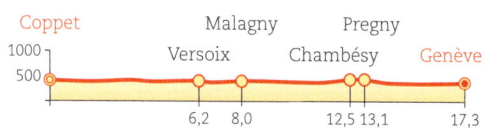

Genfersee mit Jet d'eau und Mont Salève

nicht nur geistliche, sondern als Fürsten auch grosse weltliche Macht besassen. Heute ist die Stadt jedoch vor allem durch Johannes Calvin und die Reformatoren bekannt. Sie machten Genf zum Zentrum des Protestantismus. Deutlich zum Ausdruck bringt dies die Bezeichnung «protestantisches Rom», die für Genf schon im 16. Jahrhundert verwendet wurde.

Ausgrabungsstätte Kathedrale St-Pierre in Genf, Site archéologique de la Cathédrale Saint-Pierre, www.site-archeologique.ch

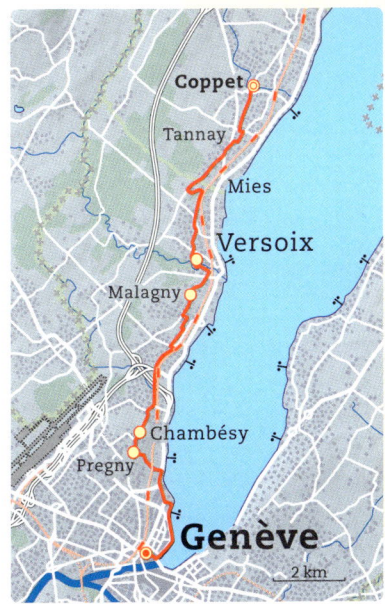

Kathedrale St-Pierre (ab 1160), seit 1535 protestantische Hauptkirche von Genf

4 h 15 min	Coppet		0:00		
17 km	Versoix	1:30	1:30		
200 m	Malagny	0:30	2:00		
240 m	Chambésy	1:05	3:05		
mittel	Pregny	0:10	3:15		
270 T Genève	Genève	1:00	4:15		

Aufbruch nach Santiago de Compostela

Johanniterkomturei von Compesières (15. Jahrhundert)

Die Etappe von Genf bis zur französischen Grenze ist das letzte Teilstück der ViaJacobi in der Schweiz. Gleichzeitig ist sie der Beginn der Jakobswegvariante, die über Le Puy und St-Jean-Pied-de-Port nach Santiago de Compostela führt und in Frankreich als Fernwanderweg GR 65 markiert ist. Der Pilgerführer des Liber Sancti Jacobi aus dem 12. Jahrhundert bezeichnet den von Le Puy ausgehenden Jakobsweg als Via Podensis.

Ausgangspunkt der Etappe ist der Cour St-Pierre auf dem Genfer Altstadthügel mit der reformierten Stadtkirche, der ehemaligen Kathedrale St-Pierre. Es folgt eine Stadtwanderung über die Place du Bourg-de-Four nach Carouge. Am Haus Nr. 21 auf der Place du Bourge-de-Four, dem mittelalterlichen Sammlungspunkt für Pilger, ist eine Jakobsmuschel von 1631 angebracht. Carouge (im Frühmittelalter «Quadruvium») hat als Brückenort und Verkehrsknotenpunkt eine lange Geschichte. Überreste der ersten bekannten Brücke über die Arve sind bereits für das Jahr 100 v. Chr. nachgewiesen. Die heutige Brücke, Verbindung der Gemeinden Genf und Carouge, wurde als Pont-Neuf 1811 im Auftrag der französischen Regierung erstellt. Ihre historische Struktur ist weitgehend erhalten geblieben.

Ausserhalb von Carouge wird die Umgebung ländlicher. Ein Steg führt über den Bach Drize. An der bald darauf folgenden Strassenkreuzung und am Eingang des Dorfes Saconnex

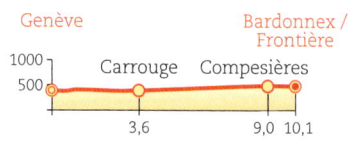

d'Arve trifft man auf hohe Steinkreuze. Der letzte Höhepunkt aus kulturhistorischer Sicht vor dem Grenzübergang ist die Komturei von Compesières. Das Schloss wurde als Hauptsitz des Malteserordens im Genferseegebiet in der ersten Hälfte des 15. Jahrhunderts erbaut. Wer von hier aus nicht mit Bus und Tram nach Genf zurückkehren will, kann seinen Weg fortsetzen über den zur

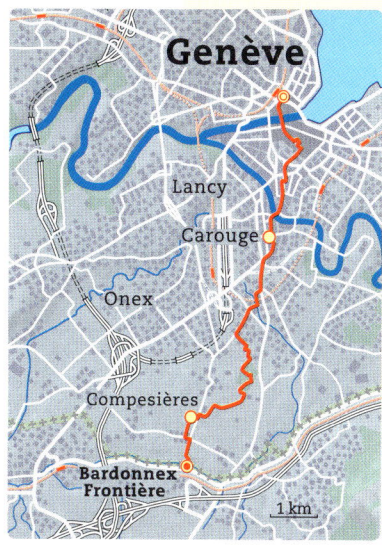

Jakobsmuschel am Haus Nr. 21, Place du Bourg-de-Four, Genf

Gemeinde Bardonnex gehörenden Ort Charrot bis zum Bach Aranda Rau, der hier die Grenze zu Frankreich markiert.

Museum des Malteserordens Compesières, Musée de l'Ordre de Malte, Commanderie de Compesières, www.musee-compesieres.ch

2 h 30 min	Genève	0:00	
10 km	Carouge	1:00 1:00	
180 m	Compesières	1:10 2:10	
90 m	Bardonnex/Frontière	0:20 2:30	
leicht			
260 T Genève			

WEGVARIANTEN

Schwabenweg: 4.21–4.23
Luzernerweg: 4.25–4.31
Variante über Payerne: 4.32–4.33
Variante über Siebnen: 4.34–4.35

Vgl. dazu die Übersichtskarte
Seite 12.

4.21 Konstanz–Märstetten (Schwabenweg)

Durch die Bischofsstadt und über den Seerücken

Mauritiusrotunde mit Heiligem Grab (nach 940–1300), Konstanzer Münster

Seit dem Mittelalter war Konstanz Sammelpunkt der Wallfahrer aus Süddeutschland, die nach Rom, Santiago de Compostela, Jerusalem oder zu einem kleineren Pilgerziel unterwegs waren. Deshalb wird die bereits um 1300 nachgewiesene Pilgerroute von Konstanz nach Einsiedeln auch «Schwabenweg» genannt. Im Konstanzer Münster befindet sich die Mauritiusrotunde, eine Kopie der Heiliggrabkirche in Jerusalem. Eine Jakobusfigur hält für die hier startenden Pilgerinnen und Pilger Stäbe und mit Muscheln verzierte Pilgertaschen bereit. Vor der Pilgerreise über den Seerücken lohnt es sich jedoch, die Stadt selbst in einem Rundgang zu besichtigen.

Berühmtheit erlangte Konstanz durch das Konzil von 1414 bis 1418. Gelehrte, Bischöfe, Kardinäle und Papst Johannes XXIII. trafen sich im Münster. Ziele des Konzils waren die Aufhebung der Kirchenspaltung, die Verbesserung der kirchlichen Zustände und die Niederschlagung der Ketzerei. Für die weltlichen Bedürfnisse der geistlichen Fürsten reisten damals auch geschätzte 600 bis 1500 «Hübschlerinnen» an. Ihnen zu Ehren und als Erinnerung an das Konzil steht im Hafen seit 1993 die Imperia, die Statue einer üp-

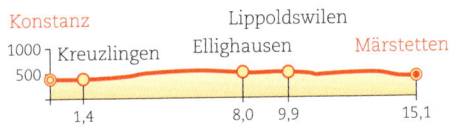

pigen Kurtisane, vom Künstler Peter Lenk nach der Erzählung «La belle Impéria» von Honoré de Balzac geschaffen. In ihrer rechten Hand trägt Imperia den Kaiser, in ihrer Linken den Papst.

Die ehemalige Pilgerherberge Grödelin in Kreuzlingen war einst mit einem umfangreichen Landwirtschaftsbetrieb ausgestattet. Das Gebäude, ein besonders schönes Fachwerkhaus mit mächtigem Satteldach, stammt aus dem frühen 18. Jahrhundert. Die Heiligkreuzkapelle auf Bernrain wurde gemäss ihrer Gründungslegende 1388 erbaut. Ihre heutige Form erhielt sie 1838, als das Platzangebot wegen ihrer neuen Funktion als Emmishofer Pfarrkirche erweitert

werden musste. Die St. Jakobskirche in Märstetten, erstmals 1155 erwähnt, hat einen Turm aus dem 13. oder 14. Jahrhundert. Im Innern sind Reste von Darstellungen des Jüngsten Gerichtes aus spätgotischer Zeit zu finden.

Pilgerherberge Märstetten,
www.mitten-im-thurgau.ch

Dorfplatz Märstetten
mit Pilgerherberge

🕐	3 h 50 min	Konstanz		0:00	
↔	15 km	Kreuzlingen	0:10	0:10	
↗	260 m	Ellighausen	1:50	2:00	
↘	240 m	Lippoldswilen	0:30	2:30	
	leicht	Märstetten	1:20	3:50	
🗺	270 T Konstanz, 216 T Frauenfeld, 217 T Arbon				

Die Legende der heiligen Idda

Ehemalige Johanniterkomturei Tobel (nach 1747) mit Kirche St. Johannes

Von Märstetten aus gelangt man, teilweise dem historischen Verlauf des «Pilgerwäges» folgend, durch die Thurebene nach Amlikon. Der Amlikoner Thurübergang hat eine Schlüsselposition innerhalb des Schwabenweges. Ausserdem benutzte hier bis zum ersten Holzbrückenbau 1728 auch der Verkehr zwischen Weinfelden und Frauenfeld die Fähre über den Fluss. Im historischen Siedlungskern von Amlikon steht die ehemalige Pilgerherberge Adler (heute ein Privathaus). Eingangs Kaltenbrunnen findet sich, zeittypisch (1779/80) quer zum Verlauf des Pilgerweges, eine barocke Jakobuskapelle.

Ein prächtiger Ausblick öffnet sich oberhalb von Bollsteg in den Geländeraum von Affeltrangen und Tobel mit Weitsicht bis zum Hörnli. Die Kirche von Affeltrangen gehört in ihren ältesten Teilen ins 13. Jahrhundert.

Fischingen wurde um 1133 als Doppelkloster für Männer und Frauen gegründet. Eine besondere Berühmtheit erlangte der Frauenkonvent, als gemäss Legende die heilige Idda ihr Einsiedlerinnenleben beendete und sich als Konventualin ins Kloster zurückzog. Idda wurde mit Heinrich von Toggenburg verheiratet und lebte mit ihm auf seiner Burg oberhalb des Klosters Fischingen. Nach einem Missverständnis beschuldigte er sie zu Unrecht des Ehebruchs und stiess sie in seinem Jähzorn vom Burgturm ins Tal hinunter. Im Sturz betete Idda zu Gott, bat ihn, ihr Leben zu schonen, und versprach, sich keinem Mann mehr hinzugeben und Gott bis zu ihrem Lebensende zu dienen. Idda fiel unversehrt zu Bo-

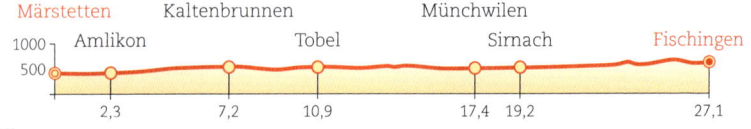

den, lebte lange Zeit in der Einsamkeit, ernährte sich von Kräutern und Wurzeln und lobte Gott.

Das Kloster Fischingen erlebte seine Blüte im 16. bis 18. Jahrhundert. 1705 wurde der heiligen Idda eine Kapelle errichtet. Das Sandsteindenkmal der schlafenden heiligen Idda besitzt ein Fussloch, in das die Pilgernden ihre schmerzenden Füsse stecken, um von ihren Beinleiden geheilt zu werden.

Das Innere des Klosters ist durch die Umbauten im Barock- und Rokokostil geprägt. 1848 wurde das Kloster aufgehoben und diente profanen Zwecken, bis 1977 die Wiedereinrichtung als selbstständige Benediktinerabtei erfolgte.

Kloster Fischingen,
www.klosterfischingen.ch

Kloster Fischingen, Denkmal der Heiligen Idda (1705)

🕐	7 h	Märstetten		0:00
↔	27 km	Amlikon	0:35	0:35
↗	580 m	Kaltenbrunnen	1:15	1:50
↘	380 m	Tobel	0:55	2:45
	schwer	Münchwilen	1:35	4:20
	216 T Frauenfeld, 226 T Rapperswil	Sirnach	0:25	4:45
		Fischingen	2:45	7:00

4.23 Fischingen–Rapperswil (Schwabenweg)

Das Hörnli, beliebter Aussichtspunkt des Zürcher Oberlandes

Bildstöcklein der Heiligen
Idda am Ortsausgang von Au

Die Wanderung führt über Au, wo ein Bildstock mit der heiligen Idda nochmals an Fischingen erinnert. Neben der Kirche St. Anna soll Idda den Bau ihrer ersten Klause erbeten haben. Es folgt der Aufstieg auf das Hörnli, einen der beliebtesten Aussichtspunkte des Kantons Zürich. Der Blick auf den Säntis, die beiden Mythen, den Rigi, den Pilatus und das Zürcher Unterland ist einmalig.

Im Abstieg nach Steg erinnern das gleichnamige Gasthaus (bezeugt seit 1599) und das «Doktorhaus» aus dem 17. Jahrhundert an die einstige Schlüsselposition des Ortes am Tössübergang. Die erhöht gelegene Dorfkirche in Fischenthal ist auf Vorgängerbauten aus dem 9. Jahrhundert errichtet. Nach Hub, beim Weiler Tänler, öffnet sich der Blick auf den Zürichsee.

In Blattenbach ist das «Rottenschwert» im Tavernenverzeichnis von 1530 vermerkt. Der Name der Herberge wurde später zu «Zum Roten Schwert» verdeutscht. In Pilgersteg steht das Haus «Zum Pilgersteg», 1854 als Bruderhaus mit Kapelle erstellt. Der alte Pilgersteg unterhalb existierte bis 1939. Er wurde bei einem grossen Unwetter weggespült.

Ziel der Wanderung ist Rapperswil am Zürichsee. Das Gebiet Rapperswil/Jona/Kempraten hat eine lange Geschichte. Archäologische Funde zeigen, dass die Region an der engsten Stelle des Zürichsees seit min-

destens 5000 Jahren besiedelt ist. Bereits um 1500 v. Chr. gab es eine Brückenverbindung zwischen Rapperswil und Hurden. Vor der Zeitenwende lebten hier Kelten, dann Römer. Das mittelalterliche Städtchen wurde um 1200 von den gleichnamigen Herren errichtet. Die Pilgernden fanden hier Hilfe im nah am See gelegenen Kapuzinerkloster, Betreuung im Heiliggeistspital oder Unterschlupf in einem der zahlreichen Gasthöfe.

Kapuzinerkloster,
www.klosterrapperswil.ch

Blick vom Hörnli nach Süden

🕐	8 h 20 min	Fischingen	0:00	
↔	30 km	Allenwinden	1:20	1:20
↗	950 m	Hörnli	0:50	2:10
↘	1150 m	Steg	0:55	3:05
	schwer	Fischental	0:50	3:55
	226 T Rapperswil	Büel	1:00	4:55
		Blattenbach	0:45	5:40
		Rapperswil	2:40	8:20

4.25 Luzern–Werthenstein (Luzernerweg)

Von der Hochzeitskapelle ins Kloster

Luzern, Franziskanerkirche St. Maria in der Au (1270): Brüderpaar Johannes und Jakobus mit ihren Eltern Salome und Zebedäus

Die Pilgernden, welche die Variante über Willisau, Huttwil und Burgdorf wählten, setzten von Brunnen per Schiff nach Luzern über. In Luzern legten sie an der Landestelle «Am Wasser» in der Nähe des 1269 gebauten Franziskanerklosters an.

Berühmtestes Wahrzeichen Luzerns ist die Kapellbrücke. Ihr Bilderzyklus aus der Zeit der Gegenreformation warb für den Katholizismus und einen frommen Lebenswandel. Die Tafel Nr. 39 der Kapellbrücke (Hans Heinrich Wägmann, erstes Drittel 17. Jahrhundert) zeigt den Aufstieg vom Nölliturm (1513) zur Musegghöhe. Der «Musegger Umgang» in Luzern war ein Bannumgang, bei dem Reliquien um die Stadt getragen wurden.

Die Wallfahrtskapelle St. Jost in Blatten wurde ursprünglich von Hartmann Krämer als Votivkapelle gestiftet, als Dank für seine unversehrte Heimkehr von einer Pilgerfahrt nach St-Josse-sur-Mer im Jahr 1366. Der heilige Jost oder Jodok gilt, ähnlich wie Jakobus, als Schutzpatron der Pilger, Reisenden und Schiffer. In den Jahren 1959 bis 1961 wurde die Kapelle vollständig renoviert und unter Denkmalschutz gestellt. Sie ist heute für Hochzeiten besonders beliebt.

Werthenstein ist überregional als Marienwallfahrtsort bekannt, entstanden gemäss Überlieferung um 1500. Ein alter Niederländer soll nachts einen lieblichen, himmlischen Gesang gehört und einen schö-

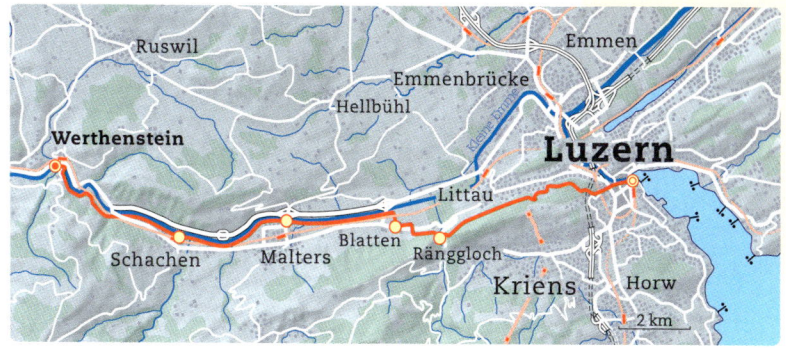

nen Glanz mit vielen hellen Lichtern erblickt haben, malte darauf die Krönung Mariens auf ein Stück Papier und heftete dieses an eine Tanne. Das Wunder sprach sich schnell herum, und viele pilgerten zur Erscheinungsstätte. 1518 sei dann ein Pflaumenstein, den sich ein Kind in die Nase geschoben hatte, nach hoffnungslosen Versuchen der Eltern angesichts des Bildes an der Tanne durch plötzliches Niesen schmerzlos aus der Nase gefallen.

In der Barockzeit avancierte Werthenstein neben Einsiedeln zum meistbesuchten Pilgerort der Innerschweiz. 1631 wurde der Grundstein zu einem Kloster gelegt.

«Gnadenbrünneli» (1636) unterhalb des Klosters Werthenstein

Abstecher zur Wallfahrtskirche Hergiswald, www.hergiswald.ch

⏱	5 h 10 min
↔	19 km
↗	520 m
↘	400 m
	schwer
	234 T Willisau, 235 T Rotkreuz

Luzern		0:00	
Ränggloch	1:50	1:50	
Blatten	0:30	2:20	
Schachen	0:50	3:10	
Malters	0:50	4:00	
Werthenstein	1:10	5:10	

4.26 Werthenstein–Willisau (Luzernerweg)

Vom Kloster zum Spieltisch

Von der Klosteranlage Werthenstein ins Dorf passiert man eine gedeckte Holzbrücke von 1774/75. Ein Bildstock von 1861 in Grofenhusen nimmt Bezug auf die «alte Willisauer Landstrasse». Er zeigt im Innern die in ländlichen Gegenden oft verehrten Heiligen Eulogius, Josef und Antonius Emerita.

Südlich des Weilers Buholz steht die Landgerichtskapelle. Hier suchten Menschen Hilfe in Prozessangelegenheiten. Welche Funktion ein altarähnlicher, niedriger Sockel mit gefasster Sandsteinplatte vor der Rückwand des Sakralraums hat, ist umstritten. Die einen meinen, es handle sich um einen Altar, die anderen behaupten, es sei ein Richterstuhl. Einem häufig anzutreffenden Kapellentyp entspricht die St.-Gallus-und-Erasmus-Kapelle in Buholz.

Nach Buholz folgen prächtige Wegelemente der spätmittelalterlichen Verbindung: Hohlwege, Hecken, verschiedene Wegoberflächen, markante Einzelbäume. Geiss ist eine alte Pfarrei. Ihre ersten Kollatoren waren die Freiherren von Wolhusen.

Kloster Werthenstein (1631) mit gedeckter Holzbrücke (1775)

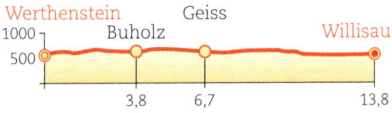

Geiss, Pfarrkirche
St. Jakobus (1647)

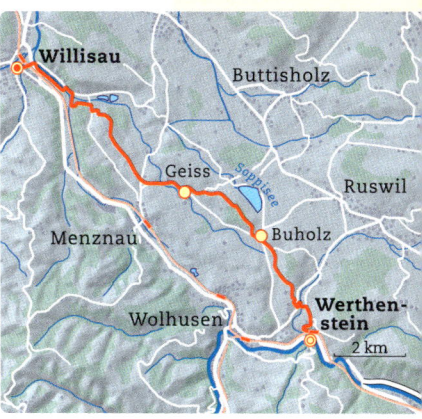

Im 1101 erstmals erwähnten Willisau existierten eine ganze Reihe von Bauten mit einem funktionalen Zusammenhang zu Verkehrswegen: die Sust, das Zollhaus, die Stadttore, die Wirtshäuser, das Siechenhaus und das Spital. Die barocke Wallfahrtskapelle Heiligblut steht am Ausgang des Städtchens beim oberen Stadttor. Im Gegensatz zum mittelalterlichen Vorgängerbau steht sie quer zur Strasse, damit die repräsentative Platzfassade zur Geltung kommt. Von diesem Bau erzählt eine Gründungslegende. Ein berüchtigter Kartenspieler warf 1392 beim Verlieren unter Gotteslästerungen einen Dolch gegen den Himmel. Darauf fielen fünf Blutstropfen auf den Spieltisch herab, und der Frevler wurde unter schrecklichem Geheul von Dämonen fortgetragen.

Café Amrein Chocolatier,
Ursprungshaus Willisauer Ringli,
www.willisauerringli.ch

3 h 35 min	
14 km	
320 m	
320 m	
leicht	
234 T Willisau	

Werthenstein		0:00	
Buholz	1:05	1:05	
Geiss	0:45	1:50	
Willisau	1:45	3:35	

4.27 Willisau–Huttwil (Luzernerweg)

Durchs wilde Emmental

Tierische Begegnung im Schache bei der Luthern

Willisau wird durch das westliche, obere Stadttor verlassen. Die Via-Jacobi nach Huttwil folgt nicht immer dem historischen Verlauf, sondern teilweise einer heute wanderfreundlicheren Route. Der Weg nach Ufhusen führt an verschiedenen Hofställen vorbei, die schon früh belegt sind: Olisrüti (1322), Mittmisrüti (um 1160), Stocki (1282).

Besonders lohnend ist ein Abstecher zur Jakobskapelle auf der Bösegg. Sie bietet eine ausgesprochen schöne Version des «Hühner-» oder «Galgenwunders». Diese Legende ist sehr variantenreich und in ganz Europa verbreitet, so auch in Ermensee, in Rüti bei Büren und in Tafers. Vom Bauernhof Bösegg aus sollen sich einmal ein Bauer, seine Frau und sein Sohn auf die Pilgerfahrt nach St. Jakob begeben haben. Ein betrügerischer Wirt beschuldigte den Jungen des Diebstahls, worauf dieser umgehend an den Galgen kam. Die unglücklichen Eltern pilgerten nach Santiago. Der Heilige Jakobus versprach, ihnen den Sohn wiederzugeben. Als sie dies dem gerade speisenden Bischof erzählten, sagte dieser,

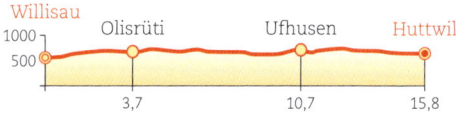

ihr Sohn sei so tot wie die gebratenen Hühner auf seinem Tisch. Die Hühner lebten, ebenso der Sohn am Galgen. An seiner Stelle wurde der böse Wirt aufgehängt.

Huttwil war im Mittelalter ein Verkehrsknotenpunkt, an dem sich die beiden Hauptstrassen, die von Bern und von Solothurn nach Luzern führten, vereinigten. Eberhard von Kyburg sass hier «an offener strasse» zu Gericht. Dies war gleichbedeutend mit einem nur dem Reichsrecht unterstellten, unbeeinflussbaren Rechtsraum. Die Stiftung der Huttwiler Kirche erfolgte zwischen dem 9. und Ende des 11. Jahrhunderts. Der heutige Bau ist von 1705.

Wegkreuz Gütsch oberhalb von Willisau

Museum Huttwil,
www.kulturhuttwil.ch

4 h 20 min	Willisau	0:00		
16 km	Olisrüti	1:15	1:15	
500 m	Ufhusen	1:50	3:05	
420 m	Huttwil	1:15	4:20	
mittel				
234 T Willisau				

4.28 Huttwil–Burgdorf (Luzernerweg)

Mit Aussicht und Gotthelf in die Leuenhohle

Zwischen Huttwil und Burgdorf befinden sich wichtige Schlüsselstellen der ViaJacobi. Das spät besiedelte Einzelhofgebiet Dürrenroth kam 1312 an den deutschen Orden, der später die St.-Laurentius-Kirche und das Niedergericht Dürrenroth seiner Kommende Sumiswald übergab. Die ehemalige Pfarrkirche St. Maria, im Kern spätgotisch, wurde 1768 bis 1771 im spätbarocken Stil zu einer Saalkirche umgebaut.

Der Abstieg durch das Leuehölzli zum Summerhus nördlich von Burgdorf ist allgemein als «Leuenhohle» bekannt. Im Kernstück des ausgedehnten Hohlwegsystems ragen beidseits des Weges meterhohe Sandsteinwände empor. Wie ein Trupp französischer Soldaten hier herunterkam, schildert Gotthelf: «Hänsel hatte die Zügel gut gefasst, kannte genau die kurzen Windungen des Weges und schnurrte mit seinen Franzosen auf Tod und Leben den Berg hinab. Wohl, jetzt ging es den Franzosen rasch genug, sie schrien schrecklich erst, dann ward es stille auf dem Wagen, keinen Laut vernahm Hänsel mehr.»

Das Burgdorfer Siechenhaus mit Kapelle ist als spätmittelalterliches,

«Leuenhohle» bei Burgdorf

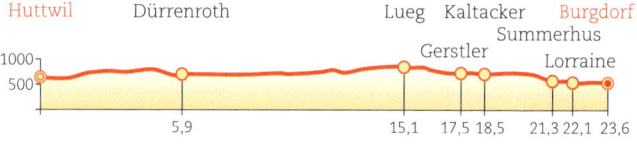

sehr gut erhaltenes Ensemble in der Schweiz einzigartig. Die «Innere Wynigenbrücke», erstellt 1776, dient heute ausschliesslich dem Langsamverkehr. Beim westlichen Brückeneingang steht ein Stundenstein mit der Inschrift «V STUNDEN VON BERN». Burgdorf ist, ebenso wie Bern und Freiburg, eine zähringische Stadtgründung des 12. Jahrhunderts. Ins verkehrsgeschichtliche Abseits geriet die Stadt mit dem Bau der «Neuen Aargauer Strasse» 1756 bis 1764, die den Verkehr von Bern nach Luzern und Zürich über Kirchberg umlenkte.

Siechenhaus Burgdorf
(16. Jahrhundert)

Schloss Burgdorf mit Jugendherberge, www.schloss-burgdorf.ch

6 h 20 min	Huttwil	0:00
24 km	Dürrenroth	1:45 1:45
680 m	Lueg	2:40 4:25
780 m	Gerstler	0:35 5:00
schwer	Kaltacker	0:15 5:15
233 T Solothurn, 234 T Willisau	Summerhus	0:40 5:55
	Lorraine	0:10 6:05
	Burgdorf	0:15 6:20

4.29 Burgdorf–Bern (Bärenpark) (Luzernerweg)

Auf alten Wegen ins Gefängnis

Der Weg von Burgdorf nach Bern ist durch viele Waldabschnitte gekennzeichnet. Er führt durch den Pleerwald in Richtung Süden. Westlich von Oberburg zweigt er auf einem noch gut erhaltenen Teilstück der alten Verbindung über den Zimmerberg nach Krauchthal ab. Seit 1270 ist in Krauchthal ein Gotteshaus belegt. Der neue Predigtsaal im Dorf wurde 1793 errichtet.

Das Schloss Thorberg ist heute eine Strafanstalt. Erhalten ist von der urkundlich erstmals 1175 erwähnten Burg der Herren von Thorberg nur noch ein Rest des Turmfundaments. Der letzte Ritter, Peter von Thorberg, vermachte seine Güter 1397 dem Kartäuserorden. Bis zur Reformation 1528 lebten auf dem Thorberg Mönche, dann ging der Klosterbesitz an den Staat Bern über.

Zwischen Thorberg und Utzigen wandert man auf dem alten sogenannten Klosterweg. Im Wald von Boll befindet sich ein ganzes Wegsystem mit ausgeprägten Hohlwegspuren. Im 1272 erstmals urkundlich erwähnten Utzigen steht der Gasthof «Zum durstigen Bruder». Die Namensgebung ist nicht geklärt. Man weiss lediglich, dass das Tavernenrecht 1770 von der Schlossherrschaft verliehen wurde. Das Schloss von Utzigen entstand 1664 bis 1669. Die Besitzer erhielten die Twingherrschaft: das heisst, «zu richten bis an's Blut, den Zehnten von Allen, was da wächst, Frohndienste, ausschliessliche Jagdgerechtigkeit» für sich in Anspruch zu nehmen.

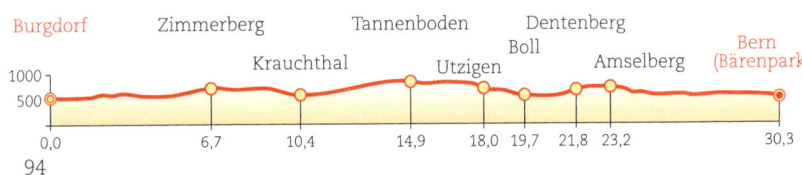

Kirche Krauchthal (1793)

Bei Boll sollen 1699 und 1795 Überreste römischer Bäder (Badewannen!) gefunden worden sein, auf dem «Käpelishubel in dem Diesbach'schen Landgute». Der genannte Flurname weist gleichzeitig auf die Existenz einer einstigen Kapelle hin. Westlich von Boll befindet sich der Aufstieg zur «Wägesse», einem Teil der ehemaligen Verbindung von Bern ins Emmental.

Gemeindemuseum Krauchthal, www.museumkrauchthal.ch

⏲ 8 h 15 min	Burgdorf		0:00
↔ 30 km	Zimmerberg	1:50	1:50
↗ 1000 m	Krauchthal	1:00	2:50
↘ 1000 m	Tannenboden	1:25	4:15
schwer	Utzigen	0:45	5:00
233 T Solothurn, 243 T Bern	Boll	0:30	5:30
	Dentenberg	0:40	6:10
	Amselberg	0:20	6:30
	Bern (Bärenpark)	1:45	8:15

4.30 Bern (Bärenpark)–Rüeggisberg (Luzernerweg)

Längs des Längenbergs ins Kloster

Unterwegs von Bern nach Rüeggisberg erblickt man über dem Wald immer wieder die meist verschneiten Gipfel Eiger, Mönch und Jungfrau. Die ehemalige St. Michaelskirche von Muri ist bereits 1180 überliefert, also elf Jahre vor der Gründung Berns.

In Kehrsatz führt ein steiler Anstieg mit einem imposanten Hohlweg zum Altersheim in Kühlewil. Nach Ober- und Niedermuhlern beim Restaurant Gschneit belohnt ein kurzer Umweg zum «Tavel-Denkmal» mit einer wunderbaren Aussicht. Das Auge kann über den ganzen Alpenkranz schweifen, von der Schrattenfluh bis zur Blüemlisalp, über das Gürbetal und zum Thunersee.

In der Mitte des 11. Jahrhunderts bauten die Mönche Cuno und Ulrich in Rüeggisberg, auf einem Sporn mit prächtiger Fernsicht, ihre einfachen Zellen. Das daraus hervorgehende mächtige Cluniazenserpriorat war bis zur Reformation Herberge und Zufluchtsort der Jakobspilgernden. Danach wurde die Anlage geschlossen, die leerstehenden Gebäude wurden abgetragen und das nördliche Querschiff der Klosterkirche zum

Bern, Aare-Strandbad Eichholz

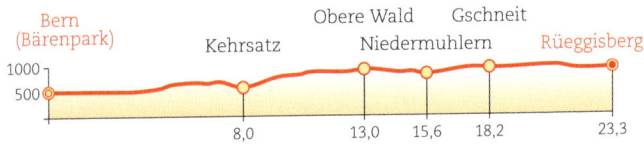

Klosterruine Rüeggisberg
(11. Jahrhundert)

«Haberhuus» (Getreidespeicher) umgebaut. Die Ruinen der Klosteranlage hat der Kanton Bern in zwei Phasen, 1938 bis 1947 und 1988 bis 1991, freigelegt, erforscht und konserviert. Eine Ausstellung vor Ort informiert über die Baugeschichte. Es ist noch nicht so lange her, da wurde das «Haberhuus», ein Bestandteil der ursprünglichen Kirche, als Gerümpelkammer verwendet. Heute gelten die Überreste des Priorats als eigentliches Wahrzeichen von Rüeggisberg.

Rüeggisberger Klostersommer,
Kulturreihe in der Klosterruine,
www.klostersommer.ch

Von-Tavel-Gedenkstätte mit Aussicht auf die Berner Alpen (1939)

⏱ 6 h 10 min	Bern (Bärenpark)		0:00
↔ 22 km	Kehrsatz	2:10	2:10
↗ 860 m	Obere Wald	1:30	3:40
↘ 460 m	Niedermuhlen	0:35	4:15
schwer	Gschneit	0:45	5:00
243 T Bern	Rüeggisberg	1:10	6:10

Wo Königin Berta von Burgund ein Kloster gründete

Wald von Belle-Croix, Jakobskreuz

Zur ViaJacobi nach Payerne gehört das 1981 am Rand des Waldes Belle-Croix von Villars-sur-Glâne wiedererrichtete Jakobskreuz mit bewegter Vergangenheit. Alles begann um 1470. Damals baute das Kloster Maigrauge eine Jakobskapelle. 1512 kam dazu ein kleines Leprosenhaus. Um die Mitte des 18. Jahrhunderts zerfiel der Bau. An seine Stelle wurde 1773 ein altes Kreuz aus der Umgebung gestellt, das nun «Jakobskreuz» genannt wurde. Im Lauf der Zeit wurde das Kreuz beschädigt und versetzt. Erst nach seiner Wiederauffindung 1981 kam es an seinen angestammten Platz zurück.

In Noréaz steht keine Jakobskapelle mehr. Der ursprünglich von 1635 stammende Bau wurde zugunsten einer weiter im Norden stehenden Nachfolgekapelle abgerissen. Nun weist nur noch ein hölzernes Wegkreuz anstelle der ehemaligen Kapelle auf die sehr schöne Fortsetzung der ViaJacobi hin, die sich durch eine bezaubernde Landschaft schlängelt.

In Montagny-les-Monts wurde im 13. Jahrhundert eine Burg errichtet. Einzelne Mauerreste sind noch erhalten geblieben. Die Burg wurde nach Zerstörungen im 15. und 16. Jahrhundert aufgehoben, und das Schloss fiel Anfang des 19. Jahrhunderts zusammen. In Les Arbognes führt der Weg über eine alte Steinbrücke und an einem Wegkreuz von 1926 vorbei.

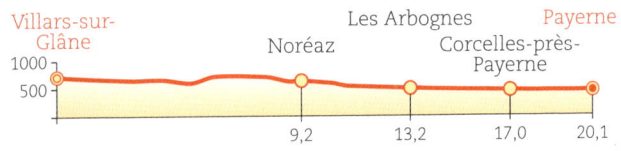

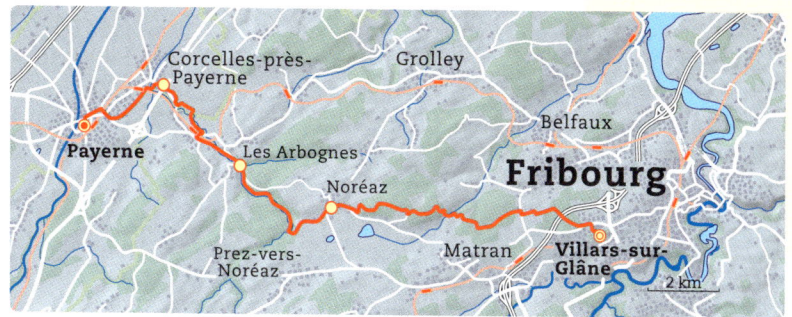

Payerne besass das urkundlich älteste Gotteshaus zu Ehren Marias in der Diözese, erbaut 587. Königin Berta von Burgund gründete 962 n. Chr. das Kloster Payerne. Payerne, als eines der ersten Tochterklöster der Reformabtei Cluny angegliedert, hatte ausgedehnten Grundbesitz entlang dem Jurafuss, im Genferseegebiet, im Seeland und auch im Elsass. Die ehemalige Abteikirche von Payerne ist neben Romainmôtier die bedeutendste romanische Klosterkirche der Schweiz. Nach der Reformation wurde die Kirche profaniert, sie diente nacheinander als Glockengiesserei, Kornspeicher, Gefängnis und Kaserne.

Abbatiale von Payerne,
www.abbatiale-payerne.ch

Payerne, Abteikirche Notre-Dame
(11. Jahrhundert)

5 h	Fribourg (Villars-sur-Glâne)		0:00	
20 km	Noréaz	2:20	2:20	
280 m	Les Arbognes	1:00	3:20	
560 m	Corcelles-près-Payerne	0:50	4:10	
schwer	Payerne	0:50	5:00	
242 Avenches, 252 T Bulle				

4.33 Payerne–Moudon (Curtilles) (Variante Payerne)

Der Broye entlang

Broye-Kanal vor Granges-près-Marnand

Die Wanderung führt auf ihrer ganzen Länge durch das Broyetal, grösstenteils am rechten Ufer der Broye entlang. Über Granges gelangt man nach Lucens. In Curtilles trifft die Etappe mit der ViaJacobi von Fribourg über Romont nach Moudon zusammen.

Lucens ist als Städtchen dominiert von der imposanten Burganlage mit mehreren Türmchen. Sie hatte im Mittelalter eine grosse strategische Bedeutung. Zusammen mit Moudon diente sie der Kontrolle des Broyetals. Seit dem 10. Jahrhundert gehörte Lucens den Bischöfen von Lausanne. Der Ort stand bedeutungsmässig lange im Schatten des auf der gegenüberliegenden Seite des Broyetales gelegenen Curtilles. Im 11. und 12. Jahrhundert wurde die Burg ausgebaut. Mit der Verlegung der bischöflichen Residenz von Curtilles nach Lucens änderte sich die Situation. Nun war Lucens der Sommersitz der Bischöfe von Lausanne.

1536 wurde Lucens als einziger Ort im Waadtland von den Bernern erobert. Das Dorf gelangte unter die Verwaltung der Landvogtei Moudon. Aufgrund der besseren Verteidigungslage verlegte aber bereits der zweite Landvogt seinen Hauptsitz 1542 von Moudon in das Schloss von

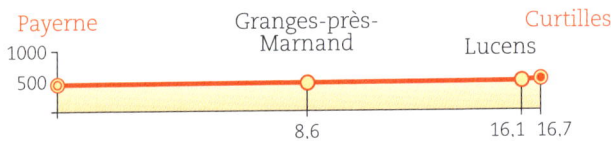

Lucens. Danach residierten hier auch alle weiteren Vögte. Lucens wurde zum eigentlichen Verwaltungszentrum im mittleren Broyetal.

Am Aufgang zum Schloss Lucens steht die gotische Schlosskapelle Ste-Agnès. Sie wurde im 14. Jahrhundert unter bischöflicher Aufsicht erbaut. Im Chor finden sich Wandmalereien aus dem 15. Jahrhundert. 1798 ging das Schloss in den Besitz des Kantons Bern über, wurde von diesem aber bereits 1803 wieder verkauft. Berühmtester Besitzer war dann Sir Adrian Conan Doyle, der Sohn des Schriftstellers Arthur Conan Doyle. Er liess 1965 das Sherlock-Holmes-Museum einrichten.

Sherlock-Holmes-Museum, Musée Sherlock Holmes, www.lucens.ch

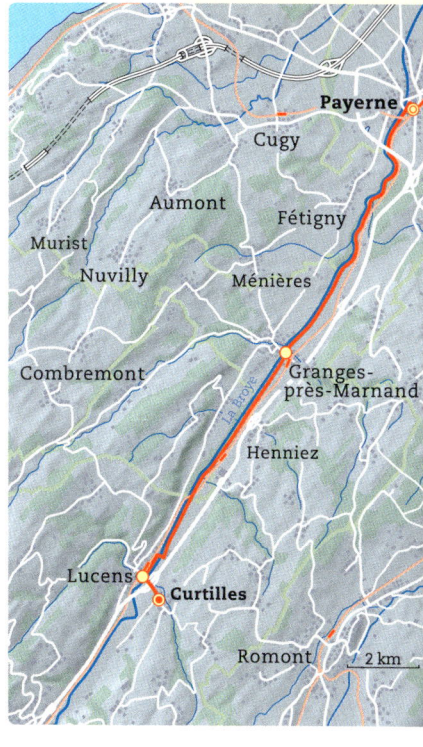

Lucens mit ehemals bischöflichem Schloss (1279)

⏱	4 h	Payerne	0:00	🚆🏨✕🛏🛒
↔	17 km	Granges-près-Marnand	2:05 2:05	🚆✕🛒🛏
↗	100 m	Lucens	1:45 3:50	🚆✕🛏🏨
↘	30 m	Moudon (Curtilles)	0:10 4:00	🚆🏨✕🛏🛒
	leicht			
🗺	242 T Avenches, 252 T Bulle			

4.34 Neuhaus–Siebnen (Variante Siebnen)

Durch die Linthebene, den einstigen Tuggenersee

Wallfahrtskapelle Heilige Dreifaltigkeit von Tuggen/ Linthbord (1584)

Diese Variante der ViaJacobi zweigt in Neuhaus von der Etappe Wattwil–Rapperswil ab. Die Jakobskapelle von Neuhaus, gut sichtbar über dem steilen Talkessel des Aabachtobels gelegen, stimmt auf die Wanderung ein.

Von Goldberg aus bietet sich eine wunderschöne Sicht auf den Obersee und die heutige Linthebene, wo sich ursprünglich der Tuggenersee ausbreitete, der erst im Spätmittelalter allmählich verlandete. Die Via Jacobi durchquert von Schmerikon aus die Linthebene und führt dann an der ehemaligen Burg Grinau vorbei nach Tuggen. Von Schmerikon aus nahmen Pilger früher auch den Seeweg über Altendorf nach Einsiedeln. Das Übersetzen per Schiff ist ab 1363 historisch belegt. Die Grinau, seit 1253 bekannt, war eine Brückenkopffestung südlich der Linth. Im Wirtschaftstrakt befindet sich die Kapelle der 14 Nothelfer. Die Pilgernden erflehen hier einen guten Tod und die Endesgnade für Todkranke.

Am Südfuss des Buechbergs steht die Wallfahrtskapelle Heilige Dreifaltigkeit von Tuggen/Linthbord. Sie gründet auf der Legende der wundersamen Heilung der «Linthbord-

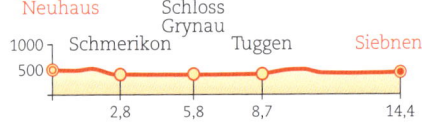

Annelis». Das von Geburt an gelähmte Mädchen brach 1580 zu einer Wallfahrt nach Einsiedeln auf. Es wurde von einem weiss bekleideten Mann geheilt.

Die Landstrasse Tuggen–Lachen führt seit dem Mittelalter an der Pfarrkirche von Tuggen vorbei, in der sich eine Jakobsfigur befindet. Ein Vorgängerbau der Kirche lässt sich bereits 690/700 nachweisen. An der Abzweigung dieser Landstrasse nach Siebnen, in der Ebene, steht die Loretokapelle von Chromen.

In Siebnen, in der St.-Niklaus-Kapelle, sind 1986/87 knapp die Hälfte der Bilder freigelegt worden, welche die Legende des Nikolaus von Myra darstellen. Sie stammen von 1631,

zeigen den Heiligen als segnenden Bischof mit Stab und Mitra und erzählen von seinem Leben und seinen Wundern. Die Kapelle ist als «Sant Niclausen zu Siebeneich» bereits 1430 nachweisbar.

Hallen- und Seebad Schmerikon,
www.badi-schmerke.ch

Loretokapelle von Chromen (1693)

🕐 3 h 40 min	Neuhaus		0:00
↔ 14 km	Schmerikon	0:40	0:40
↗ 220 m	Schloss Grynau	0:50	1:30
↘ 260 m	Tuggen	0:40	2:10
mittel	Siebnen	1:30	3:40
226 T Rapperswil, 236 T Lachen			

4.35 Siebnen–Einsiedeln (St. Meinrad) (Variante Siebnen)

Von der Marchebene auf den Etzelpass

Die Wanderung beginnt in der Marchebene in Siebnen. Das Dorf gewann bereits früh Bedeutung als Handelsplatz am Eingang zum Wägital. Durch die Industrialisierung erfolgte ab den 1830er Jahren ein weiterer Aufschwung mit dem Zuzug vieler Protestanten. Bedeutende Veränderungen brachte auch der Kraftwerkbau in den 1920er Jahren.

In Chrüzstatt liegt eine Wegkapelle von 1629. An die Jerusalemwallfahrt ihres Stifters erinnert eine Tafel. Die Geschichte der St.-Jost-Kapelle in Galgenen reicht noch weiter in die Vergangenheit zurück. 1362 war eine Abordnung von Galgenen nach Avignon gezogen, um beim Papst einen Almosenbrief für die dringend nötige Sanierung des Baus zu erbitten. Die Ausstattung der gotischen Kapelle ist äusserst bemerkenswert und vielfältig. Zwei gut erhaltene Freskenzyklen enthalten Szenen aus dem Leben von Bruder Klaus und des heiligen Jost.

Aufstieg zum Etzelpass mit Kapelle St. Meinrad (1698) und Gasthaus (1759)

Wer einen Abstecher nach Lachen machen möchte, folgt dem Fussweg entlang dem Spreitenbach. Ein Seitenaltar der Pfarrkirche Hl. Kreuz ist Jakobus dem Älteren gewidmet. Anfang des 16. Jahrhunderts gab es in der Pfarrei eine Jakobsbruderschaft.

Die Fortsetzung des Weges vorbei an der Kapelle St. Johann bis auf den Etzelpass ist mit einer Steigung von etwa 500 Höhenmetern verbunden.

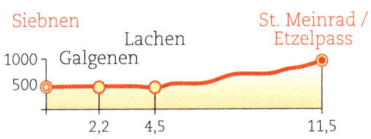

Als Belohnung lockt jedoch die herrliche Aussicht von Schwändi auf den zurückgelegten Weg und auf den Untersee. In Oberschwändi vereinigt sich der Pilgerweg mit der Etappe von Rapperswil nach Einsiedeln. Auf dem Etzelpass stehen die Pilgerherberge und die Kapelle St. Meinrad, eine Kopie der Einsiedler Gnadenkapelle. Gemäss der Legende war hier die erste Zelle des Heiligen, bevor er sich «im Finstern Wald» (Einsiedeln) niederliess.

Strandbad Seefeld Lachen,
www.badi-restaurant.ch

Kapelle St. Johann in Altendorf
(14./15. Jahrhundert)

◐ 3 h	Siebnen		0:00	🚆✕🛏🛒🏰
↔ 11 km	Galgenen	0:30	0:30	🚆✕🛒🏰
↗ 500 m	Lachen	0:35	1:05	🚌🚆✕🛏🛒🏰
↘ 110 m	St. Meinrad/Etzelpass	2:55	3:00	✕🛏🏰
🏁 mittel				
🏰 226 T Rapperswil, 236 T Lachen				

DAS WANDERN
ABONNIEREN UND VIELE VORTEILE GENIESSEN

NEU
inkl. Onlineausgabe
das-wandern.ch

DA WILL ICH HIN!
Entdecken Sie die Natur auf den 65 000 km Wanderwegen in der Schweiz mit dem Magazin DAS WANDERN – sechsmal im Jahr.

IHRE VORTEILE
- Wandervorschläge zum Sammeln und für unterwegs
- Exklusiver Online-Zugang zu über 1000 Wandervorschlägen
- Online Routeneditor zur Planung Ihrer eigenen Wanderungen
- 20% Rabatt im Onlineshop der Schweizer Wanderwege shop.schweizer-wanderwege.ch
- und viele weitere Vorteile unter schweizer-wanderwege.ch/leservorteile

Schweizer Wanderwege
Aboservice DAS WANDERN
Monbijoustrasse 61 | 3007 Bern
das-wandern.ch

Berg- und Wanderbücher aus dem AT Verlag

David Coulin
**Die schönsten Rundwanderungen
in den Schweizer Alpen**

David Coulin
**Die schönsten Zweitagestouren
in den Schweizer Alpen**

David Coulin
Drei Tage für eine Welt
Die schönsten Dreitagestouren
in den Schweizer Alpen

David Coulin
Orte des Staunens
Kurze Wanderungen in den
Schweizer Alpen

David Coulin
Wanderbuch Graubünden

Philipp Bachmann
**Die schönsten Wanderungen
im Jura**

Ueli Hintermeister, Daniel Vonwiller
**Die schönsten Höhenwege
der Schweiz**

Heinz Staffelbach
**Wildtier-Wanderungen in
der Schweiz**
Biodiversität erleben –
die 34 lohnendsten Touren zu
Laubfrosch, Hirsch und Adler

Martin Arnold, Urs Fitze
Wildnis Schweiz
Wanderungen in die schönsten
Wildnisgebiete

Martin Arnold, Urs Fitze
**Gewässerperlen – die schönsten
Flusslandschaften der Schweiz**
Mit Wanderungen für eindrückliche
Naturerlebnisse am Wasser

Martin Arnold, Urs Fitze
Schweizer Industriekultur
Wanderungen zwischen Arbon
und Genf

Marco Volken
Raus aus Zürich
25 Streifzüge durch die Natur

Marco Volken
Urtümliche Bergtäler der Schweiz
Geschichte, Natur, Kultur –
mit 45 Wanderungen

Karin Steinbach Tarnutzer
Schauplatz Alpen
Reportagen aus den Schweizer
Bergen – mit 45 Wanderungen

AT Verlag
Bahnhofstrasse 41
CH–5000 Aarau
Telefon +41 (0)58 510 63 10
info@at-verlag.ch
www.at-verlag.ch

Literatur (Auswahl)

Sabine Bolliger, Jolanda Blum: Via Jacobi. Auf Pilgerspuren die Schweiz entdecken, Bern 2010.

Moritz Boschung et al.: Chemins de Saint-Jacques en terre fribourgeoise. Pro Fribourg 99, Fribourg 1993.

Klaus Herbers: Der Jakobsweg. Mit einem mittelalterlichen Pilgerführer nach Santiago de Compostela. Tübingen 2001.

IVS – Bundesinventar der historischen Verkehrswege der Schweiz: www.map.geo.admin.ch

Kunstführer durch die Schweiz, Bände 1–4. Bern 2005ff.

Hans Peter Mathis (Hg.): Pilgerwege der Schweiz. Schwabenweg Konstanz Einsiedeln. Frauenfeld 1993.

Hansruedi Matscher: Auf historischen Wanderrouten unterwegs durch die Schweiz. Band 1: Via Jacobi, Via Sbrinz, Via Spluga, Via Stockalper. Basel 2007.

Peter Witschi: Wandern auf dem Jakobsweg. Vom Bodensee zum Vierwaldstättersee. Herisau 2004.

Sabine Bolliger

geboren 1965, Archäologin, Historikerin, Inhaberin eines Doktorates zu Römerstrassen in der Schweiz, Eisenbahnstatistikerin, Inventarisatorin von historischen Verkehrswegen und Eisenbahndenkmälern, Autorin eines Köchinnenbuches, von Pilgerführern sowie Aufsätzen zu Kulturlandschaft, Frauengeschichte, Römerstrassen, Eisenbahnen und Kunst, leidenschaftliche Pilgerin und Zeichnerin.

www.zeitlandschaft.ch